Мелита Деннинг
Осборн Филлипс

Созидательная визуализация — метод исполнения желаний

Практическое руководство

Москва
АСТ • Астрель
2003

УДК 159.9
ББК 88.37
Д33

Оформление:
дизайн-студия «Дикобраз»

Перевод В. Панова

**Настоящее издание представляет собой
авторизованный перевод оригинального английского издания
Practical Cuide to Creative Visualization: Manifest Yor Desires**

Подписано в печать 15.07.2003. Формат 84×108^{1}/₃₂.
Гарнитура «Ньютон». Бумага газетная. Усл. печ. л. 11,8
Тираж 5000 экз. Заказ 454.

**Общероссийский классификатор продукции
ОК-005-93, том 2; 953000 — книги, брошюры**

Санитарно-эпидемиологическое заключение
№ 77.99.02.953.Д.008286.12.02 от 09.12.2002

Деннинг М.

Д33   Созидательная визуализация — метод исполнения желаний / М. Деннинг, О. Филлипс. Пер. с англ. В. Панова. — М.: ООО «Издательство Астрель»: ООО «Издательство АСТ», 2003. — 219, [5] с. — (Сам себе психолог).

ISBN 5-17-020339-X (ООО «Издательство АСТ»)
ISBN 5-271-07258-4 (ООО «Издательство Астрель»)
ISBN 0-87542-183-0 (англ.)

Эта книга не просто обучает позитивному мышлению, она предлагает испытанный и доступный метод работы с созидательными силами Вселенной, которые помогут вам реализовать свои желания. Описанные в ней методики — это способ преобразовать энергию своего желания в чудодейственную, «магнетическую» силу, которая будет притягивать к вам все, что захотите.

УДК 159.9
ББК 88.37

СОДЕРЖАНИЕ

даватели, лекторы, священники, политики, адвокаты, для которых эта задача особенно актуальна, в первую очередь должны выработать у себя позитивный настрой и динамизм при помощи созидательной релаксации. Создав образ для визуализации, не заменяйте его другим. Люди часто бывают невосприимчивы к логическим аргументам, но достичь подобной невосприимчивости инстинктивно-эмоциональной сферы невозможно. Как заставить внимательно слушать себя? Этика убеждения. Почему неэтичное убеждение обречено на провал? Что нужно визуализировать и как нужно говорить об этом?

ВВЕДЕНИЕ

Что такое «созидательная визуализация»? Прежде чем ответить на этот вопрос, мы хотели бы заверить вас в том, что в этом понятии нет ничего сложного (на самом деле ею пользуются все, но многие используют ее негативным образом, получая негативные результаты). Все, что в ней было сложного, освоено уже очень давно — во времена становления невероятно сложного и могучего существа, которое зовется человеком.

Мы привыкли рассуждать об эффективном использовании природных ресурсов, а вот потенциал своей собственной личности мы практически не разрабатываем: он является самым недооцененным из всех возможных ресурсов. У нас есть великолепный компьютер — наш мозг; мы обладаем сознанием и являемся неотъемлемой частью бесконечной Вселенной. Словом, мы так богато одарены, что привычная фраза о том, что человек использует десять процентов своего потенциала, не вполне справедлива: на самом деле эти десять процентов обычно задействуют наиболее удачливые люди, а в среднем же человечество не дотягивает и до этого показателя. Поэтому подавляющее большинство людей так и не добивается успеха.

Но что следует понимать под словом «успех»? Конечно, не только богатство и обладание всем, чего мы желаем. Мы имеем в виду насыщенную и осмысленную жизнь, за которой мы должны совершить все то, что наметили, — стать здоровыми, счастливыми и обеспеченными, создать семью, разбогатеть, получить образование, писать картины или строить мосты, достичь мастерства в своей профессии или получить желаемую работу и вообще стать теми, кем хотим.

Так что же такое «созидательная визуализация»? Ее можно назвать «силой успеха»: мы берем идею или образ того, чего хотим достичь (независимо от движущей нами цели), и представляем себе, что окружающая нас реальность преображается так, как нам нужно, после чего мы получаем желаемое.

Можно смело сказать, что созидательная визуализация выделяет человека из всей массы живых существ, для большей части которой успех заключается прежде всего в выживании. Кроме того, человек сам может стать хозяином своей судьбы, — но лишь в том случае, если будет осознавать, что сам будет нести ответственность за это. Ведь можно жить и на пособие, но это не даст вам возможности разбогатеть, не позволит иметь уверенность в завтрашнем дне; можно украсть деньги и на некоторое время обеспечить себя, но тогда будущее ваше будет тревожным. А когда вы пускаете в пищу последние семена, то они насытят вас, однако на следующий год вам нечего будет сеять.

И все же успех — это несколько больше, чем просто выживание. Люди ставят перед собой множество целей материального и духовного свойства, и эти цели простираются куда дальше простого поддержания жизни. Мы желаем заполучить ту или иную вещь; мы можем захотеть стать красивыми и привлекательными, обрести уважение и почет, достичь определенной должности или положения в обществе, обрести стабильность, найти любовника, партнера или друга, завести ребенка; мы также ищем знаний, новых возможностей и новых сил. Причем все эти цели можно расположить в виде основных жизненных вех, в виде «лестницы» от маленьких успехов к большим.

Каждый шаг является основанием для следующего шага, поэтому можно составить себе план, «карту движения» от одних достижений к другим. Это вполне разумно, так что вы непременно должны поразмышлять над своими целями и составить подобный план.

Но и движение от одной цели к другой еще не есть успех. Существует еще нечто, именуемое везением: это способность притягивать к себе потенциал, необходимый для достижения успеха. Желание — это разновидность энергии, — так сказать, «эмоциональное электричество». И заряд такого «электричества» приводит к созданию магнитного поля, обладающего притяжением, хотя это — палка о двух концах.

Как сказал Франклин Рузвельт, есть только одна вещь, которой следует бояться, — это сам страх. Страх притягивает к нам все то, чего мы хотим избежать; он является очень сильной эмоцией, и его энергия, связанная образом того, что мы боимся, создает все обстоятельства для материализации наших страхов.

Вот простой пример: если доска лежит на земле, пройти по ней не составляет труда, но если поднять ее на некоторую высоту, у человека возникнет столь яркий образ собственного падения, что он, вероятнее всего, упадет (но если под гипнозом ему внушить, что доска лежит на земле, он пройдет по ней, не упав).

Везение, в свою очередь, это несколько больше, чем простое внушение себе образа желаемой цели (в отличие от рассматриваемых в этой книге методик по успешному достижению тех или иных целей). Оно представляет собой общую позитивную силу, которую мы обычно отождествляем с «уверенностью в себе», «уравновешенностью», «волей к победе» и так далее. Везение предполагает наличие позитивного образа самого себя: то есть вы видите себя тем, кем хотите стать, а свою жизнь — такой, какой хотите ее сделать: вы здоровы, обеспеченны, счастливы, удачливы, красивы, у вас много друзей, и перед вами открываются многочисленные возможности. Ведь удача может приходить часто, а не раз и не два. Удачливый человек притягивает к себе новые возможности, именно с их помощью он сеет семена очередных достижений, а затем пожинает их плоды. Кроме того, как бы удивительно это ни звучало, но столь мощный фактор, как везение, часто способен предотвратить травму или неудачу. Он словно является аурой или «силовым полем», внутри которого создается своя, особая среда.

Но почему одни люди достигают успеха, а другие терпят неудачи? Дело не в недостаточном объеме знаний — ведь даже очень образованные люди могут терпеть крах. Это нельзя объяснить ни окружением человека, ни его происхождением, поскольку представители «верхов» и «низов» в равной мере могут достигать или не достигать успеха. Есть и такие люди, которым не удается ничего, что бы они ни делали, какую бы помощь и поддержку ни получали и какие бы перспективы перед ними ни открывались.

Другие же, напротив, в итоге достигают успеха, преодолевают препятствия и используют свои преимущества, даже если прежде они не могли ничего добиться. Третьи же достигают успеха во всем и не знают ни провалов, ни неудач. Иногда блеск их успехов столь впечатляет, что они словно бы излучают удачу. Это люди, которые верят в себя и в свое дело: их устремления подчас столь сильны, что могут охватить целый народ, страну или весь мир.

Сущность силы успеха (если не принимать в расчет остальных факторов) можно постичь при помощи методик созидательной визуализации, которые и предлагает вам эта книга. Принимая во внимание то, что мы используем свой потенциал далеко не полностью, можно сказать, что созидательная визуализация — это техника мобилизации наших внутренних сил успеха. Внутри каждого из нас есть мощный «компьютер», который, как правило, работает далеко не на полную мощность, и есть «программист», в чьих силах запустить «компьютер» во всю его впечатляющую мощь, чтобы мы могли достичь того, что желаем. А созидательная визуализация — это как бы инструкция для нашего внутреннего «программиста».

Мы мыслим в трех измерениях; иногда говорят и о четвертом измерении, в то время как Вселенная, в которой мы живем, имеет множество измерений, и некоторые из них таят в себе потенциал успеха, задействовать который нам вполне по силам. Созидательная визуализация — это методика открытия «каналов» из одного измерения в другое, откуда мы можем черпать богатства Вселенной.

Но наша книга не просто расскажет вам обо всех этих замечательных вещах, не просто сообщит вам, что вы можете обрести счастье, богатство и успех, если «поверите» или обратитесь к «позитивному мышлению». Мы предлагаем вам несколько упражнений, которые настроят ваше сознание на воплощение своих желаний. Словом, вы сможете изменить свою жизнь.

Созидательная визуализация сделает так, что на вас будут работать силы Вселенной, которая подскажет вам, как существовать в гармонии с ними. И каждый акт творчества будет только усиливать вашу гармонию с той силой, которая стоит за всем сущим.

Пусть же эта сила пребудет с вами.

Карл Льюэллин Вешке,
издатель.

Глава первая

КАК КОНТРОЛИРОВАТЬ
И НАПРАВЛЯТЬ СВОЮ СУДЬБУ

Краткое содержание

1. Созидательная визуализация — это естественная сила, которой обладает каждый из нас.

   А. Если пользоваться методом созидательной визуализации последовательно, сознательно, обладая необходимыми знаниями, это изменит вашу жизнь.

   Б. Большинство из нас постоянно прибегают к визуализации, но поскольку мы делаем это бессознательно, неэффективно и без пользы для себя, она чаще приводит нас к негативным последствиям, к неудачам.

2. Большая часть этого созидательного мыслительного потенциала тратится впустую, поскольку желания, в которых мы не уверены, и инстинкты постоянно противоречат друг другу, а страхи, даже бессознательные, лишают нас шансов на успех.

3. Чтобы высвободить весь этот естественный потенциал, следует мобилизовать все наши способности и чувства, и всю силу разума в некое «единое поле» и тем самым устранить все внутренние барьеры, мешающие достижению намеченных целей. Для достижения подобного единства потребуется методика, которая:

   А. Может контролироваться сознанием.

   Б. Сможет пробудить ваши эмоции.

   В. Будет воспринята вашими инстинктами.

Г. Потребует участия всех пяти чувств.

4. Первое требование — ввести себя в «сноподобное» состояние, которое поможет пробудиться вашим эмоциям:

А. Создайте образ желанной цели.

Б. Увеличьте этот образ при помощи настоящих или воображаемых действий, тем самым объединяя внешние и внутренние миры.

5. Действие этого упражнения усиливается:

А. Молчанием (не допускайте рассеивания своих внутренних энергий разговорами о своей внутренней работе).

Б. Созидательным представлением вещей и явлений, имеющих отношение к вашей цели: представьте их себе такими, какими они должны быть.

В. Ощущением внутреннего удовлетворения: постарайтесь его вызвать.

Представьте себе людей, прогуливающихся по терминалу аэропорта и беседующих или рассказывающих друг другу, как с момента их последней встречи у них шли дела. Вот говорит мужчина средних лет: «Берт? Ну, у него все в порядке, — он ведь всегда знал, чего хотел. Он пошел по стопам своего отца».

Девушка рассказывает подруге: «Еще бы мне не волноваться, особенно в таком положении. Ты же понимаешь, как я могу чувствовать себя в этой роли? Я с самого начала сказала себе: «Нет, раз все так сложилось, мне нужно привыкнуть».

Другой мужчина: «Пока что у нас все хорошо, и я очень надеюсь, что и дальше все будет так. Семья — в порядке, и я сам тоже, на работе пока все нормально, но ты ведь знаешь, как мне всегда «везет». Помяни мое слово, скоро что-нибудь да случится».

В этих отрывках не прозвучало ничего необычного: примерно то же самое можно услышать в любом месте, среди самых разных людей. В этих обрывках разговоров отражены самые разные взгляды на жизнь, однако у них есть один общий момент. Сознательно или бессознательно, во вред или на пользу самим себе, многие люди (лучше сказать, «большинство людей») постоянно прибегают к методу созидательной визуализации.

Наша книга самым подробным образом научит вас пользоваться этим методом. Кроме того, она научит вас прибегать к созидательной визуализации осознанно, эффективно и с пользой для себя, сделать свою жизнь более насыщенной и достичь своих личных целей.

Метод, которому вам предстоит научиться, невероятно ценен и способен показать вам прямой путь к невероятным возможностям человека. Когда визуализация контролируется и направляется разумом, она способна дать постоянно растущую, огромную силу, которая позволит вам управлять своей судьбой.

Кроме того, вы научитесь и останавливать программу визуализации, — например если вы в избытке получили то, чего желали, или если вашими мыслями начинает овладевать страх.

Созидательная визуализация является мощнейшей из методик, помогающих человеку в исполнении его желаний; она оставила след в древнейших памятниках человеческой мысли, адепты различных религий передавали ее из поколения в поколение. Она способна была удовлетворить как простейшие желания первобытных пещерных людей в мясе (их основной пище), так и возвышенные помыслы восточных мистиков, стремившихся к свободе от всяческих желаний. Но в обоих случаях (и это общий принцип визуализации) действует один и тот же механизм: определяется цель — создается образ желаемого — представляя, будто вы достигли цели, вы *действительно* ее достигаете.

В некоторых случаях получить желаемое можно сполна, раз и навсегда, и никакой дальнейшей работы не потребуется. Однако чаще всего (и с большинством людей) бывает так, что к воплощению желанной цели приходится идти долгим путем. Дело не в том, что нами распоряжается некая внешняя «судьба», и не в том, что силы Вселенной чего-то не позволяют нам: все объясняется тем, что люди — слишком сложные существа. Интеллект, эмоции, сфера бессознательного и нервная система способны тянуть человека в разные стороны. Однако, несмотря на подобные разлады, большинство людей точно знает, чего они хотят и в чем нуждаются, какие потребности движут ими — материальные или духовные. В этом случае необходимо лишь мобилизовать все способности души, ощущения органов чувств и интеллектуальный потенциал, чтобы они сообща привели нас к достижению цели.

Для этого понадобится некоторое время, а когда подобного единства удастся достигнуть, то может возникнуть необходимость преодолеть инерцию старого или сопротивление внешних обстоятельств. Но и это является посильной задачей: как известно, капля точит камень, а нежные ростки трав разрывают асфальт. То, что не обладает целью, всегда уступает тому, что движимо целью жить и действовать.

Но где самый короткий и эффективный путь объединения всех уровней человеческого существа, чтобы они в едином и направляемом порыве вели вас к цели? Как найти метод развития, который будет слушаться голоса разума, пробуждать эмоции, гармонично следовать инстинктам и руководствоваться ощущениями органов чувств?

Таких методов существует несколько, поскольку физические ощущения можно передавать при помощи звуков (словами) или, например, при помощи действий (оба этих варианта будут рассмотрены в книге). Но основной и главный способ восприятия — это зрение.

В общем и целом, именно оно позволило развить эти методы достижения желанной цели, хотя как правило зрительные образы усиливаются каким-либо физически ощутимым действием — и это имеет свой смысл. (Ведь получить желаемое мы хотим именно на материальном уровне, да и живем мы в физически осязаемом мире, «здесь и сейчас». Даже если единственная цель человека — попасть после смерти в рай, его желания все же рождаются в материальном мире, где, согласно любой религии, он и должен действовать ради этой цели.)

Но давайте вернемся назад и рассмотрим две затронутые нами противоположности: восточного мистика, который желает только избавиться от желаний, и пещерного дикаря, который жаждет лишь мяса, чтобы наесться и накормить семью. Должны ли их способы стремления к желаемому быть столь же разительно непохожими, как непохожи сами их стремления?

И да, и нет. Оба они — люди, и оба сосредоточены на удовлетворении потребностей своей человеческой природы (хотя на разном уровне и в разных обстоятельствах). Конечно, необходимые им методы будут отличаться в деталях, однако в основе своей они схожи друг с другом. Последователь восточной религии создает образ или символ того, к чему стремится; он медитирует на нем и старается при помощи зрения запечатлеть его в сознании, в самом существе мозга. Если восточный мистик проникается образом, он находится в точном соответствии с этим образом. Мы знаем также, что он прибегает к неким песнопениям, называемым «мантрами», чтобы направить свое сознание к этому образу при помощи слуховых ощущений.

Что же касается обитателя пещер, то он станет искусно и точно рисовать изображения животных, которых он желает поймать или убить на охоте. Возможно, те или иные рисунки он просто разглядывал. Точно установлено, что в эти изображения метали настоящие или «учебные» копья или же наносили на них изображения воткнувшихся копий, чтобы тем самым наметить для себя соответствующее реальное действие. Сейчас нельзя установить, сопровождались ли эти ритуалы пением или необходимыми звуками, но вероятно, все так и было, если учесть, что так поступали охотники и собиратели более близких к нам времен. Пещерная живопись Франции включает в себя уникальные, знаменитые и бесценные изображения колдуна, одетого в маску животного и, вероятно, танцующего, — это еще один пример подражания животным и особых ритуалов, исполняемых теперь уже одним человеком (по всей видимости, на благо всей общины).

Почему же такие приемы созидательной визуализации, как создание образов, ритуалы и песнопения, применялись на протяжении тысячелетий людьми самых разных стран и культур, и в самых разнообразных целях?

Потому, что они действенны. Они приносят желаемые плоды, пронизывая все существо человека стремлением такой силы, которую не сдержат никакие преграды. А когда осуществлению желания ничего не препятствует, мы получаем желаемое с той же неизбежностью, с какой магнит притягивает железо.

18

Этот метод срабатывает и тогда, когда мы стремимся к овладению своим внутренним потенциалом или материальным объектом, когда хотим получить какую-то информацию, заручиться поддержкой другого человека или соединить с ним свою жизнь — и даже когда мы хотим всего этого сразу.

Живое воображение и способность создавать зрительные образы могут и, разумеется, должны быть вовлечены в этот процесс для пользы дела, однако темперамент, в котором имеются эти свойства, сам по себе не является залогом успеха и не гарантирует эффективное овладение методом визуализации. Гораздо важнее знать, как именно овладеть этим методом. Есть люди, которым владение визуализацией дано от рождения или которые постигают его интуитивно. Однако не всякое создание мысленных образов называется созидательной визуализацией, и если мы не пытаемся увязать между собой внешние и внутренние планы в своем стремлении достичь цели либо не можем обнаружить или понять их, даже самое необузданное воображение едва ли окажется полезным.

В Англии XVIII века жил человек, которого звали Томас Чаттертон; с детства он обладал острым умом и богатым воображением. Томас придумал себе воображаемый мир, населенный историческими и вымышленными персонажами, и написал об этом мире книгу прекрасных, выдающихся стихотворений. Он стал писать заметки для журналов и в возрасте семнадцати лет оставил родной Бристоль и отправился в Лондон. Хорас Уолпол, видный писатель и политический деятель, впоследствии скажет о нем: «Я не могу поверить, что гений такого масштаба может существовать». Помимо своей оригинальной поэзии, Чаттертон прославился проницательными и острыми сатирическими произведениями на злободневные события современности. Однако, несмотря на все это, он никак не мог заработать денег даже на предметы первой необходимости. Чаттертон умер от голода; это событие потрясло литературный мир. Вне всякого сомнения, его трагическая смерть связана с целым рядом внешних причин: за одно произведение Чаттертону должны были заплатить лишь после публикации, издание другого было отсрочено, а третье не было принято из-за причудливого языка, имитировавшего староанглийский. Ни одна из этих неудач не была чем-то из ряда вон выходящим, — однако с Чаттертоном случились они все, одна за одной, а денег на то, чтобы пережить эти трудные времена, у него не хватило.

Но если обратиться к внутренним причинам смерти Чаттертона, можно увидеть, что псевдоисторические фантазии его стихотворений, а также великолепие его сатирической прозы имели источником его бурное воображение. С их помощью Чаттертон стремился не столько слиться с окружавшим миром, сколько отделиться от него. Герои его произведений или полностью погружены в свою семейную жизнь, или же занимались литературой как побочным занятием, будучи одинокими в своих идеях. Случай Чаттертона не говорит о том, что следует отказываться от своей оригинальности или поступаться убеждениями, — он лишь указывает на то, что воображение должно быть связано с реальностью: реальностью духа, ума, эмоций и материального мира.

Кроме того, следует тщательно отбирать образы для визуализации, — но к этому мы вернемся позже. Здание успеха может быть воздвигнуто тогда, когда визуализация находится под контролем и осуществляется осознанно.

Как и при развитии целого ряда других внутренних способностей, занимаясь визуализацией, не следует особенно распространяться об этом окружающим вас людям, — ограничьтесь лишь сообщением о том, что она вас интересует. (Впрочем, и этим следует делиться лишь с теми, к кому вы расположены, причем учтите, что однажды эти люди расскажут обо всем и другим). Существует опасность того, что вы распылите плоды своих трудов, просто рассказав о них, — не говоря уже о том, что ущерб вашей внутренней работе могут нанести слова или даже мысли других людей (ведь эта работа будет протекать в основном в сфере мышления). А если вы чем-нибудь возбуждены, озадачены или обеспокоены, то очень часто вернуть душевный покой проще всего, рассказав о том, что занимает ваши мысли. В итоге это может принести как вред, так и пользу, — все зависит от того, с кем именно вы говорите, — но, выговорившись, вы меняете свое мышление и эмоциональное состояние, по крайней мере, на некоторое время. Поэтому, если вы хотите сохранить образы, которые вы вызвали при помощи созидательной визуализации, следует заботиться о том, чтобы не рассеять их. Охраняйте их от собеседников так, как вы охраняли бы молодой саженец драгоценного дерева.

Точно так же иногда приходится скрывать лишь внутреннюю работу, в то время как работа внешняя остается открытой для всеобщего обозрения и окружающие, наблюдая за ней, думают, что уяснили себе смысл всего процесса, и решат, что именно эта внешняя сторона вашей деятельности помогла вам достигнуть успеха.

Приведем такой пример: в сборочном цехе одного завода работал молодой человек, который обрабатывал на несложном оборудовании небольшие детали двигателей. Но ему хотелось работать на токарном станке — это была более престижная и высокооплачиваемая работа, по сравнению с той, которую делал он, а получить ее стремилось немало рабочих.

Однако этот юноша не просто желал получить работу. Его мать знала нечто полезное о том, как можно мысленно прорабатывать свои действия, и хотя юноша не слишком доверял этим ее советам, теперь он вспомнил нечто ценное. Он наблюдал за тем, как работают искусные токари, подмечал, как они стоят и какие движения делают, а в обеденный перерыв он часто осматривал сами станки, изучал их механизмы, резцы и выполняемые операции. Но и это было еще не все.

Он продолжал с прежним усердием работать на своих станках, но каждый раз во время отдыха (это и была секретная, незримая часть его работы) юноша на несколько мгновений закрывал глаза и представлял себе, как он работает на большом токарном станке. Он уверенно выполнял все движения, которые он видел, быстро и искусно вращал рукоятки и включал регуляторы, управлявшие тяжелым механизмом. Он видел, как из-под резцов выходят блестящие, безупречно выточенные головки поршней и другие детали.

Через несколько недель естественным образом освободилось место токаря, что давало другим рабочим шанс временно поработать на токарном станке, изучить его и впоследствии окончательно утвердиться на этом месте. Наш молодой человек вызвался на эту работу и сумел сохранить ее за собой. Позже начальник цеха сказал ему: «Это удалось тебе потому, что ты уверенно управляешь станком. Ты хорошо работаешь, но это неудивительно: я ведь много раз замечал, как ты наблюдаешь за опытными токарями».

А вот несколько более сложный пример. Некая девушка хотела жить в одной далекой стране, но не знала, как ей туда попасть. Поскольку это желание значило для нее очень много, она стала учить язык этой страны и занялась созидательной визуализацией с помощью «Метода Звезды» (он описан в седьмой главе книги). В скором времени ей предложили работать в другой стране, — недалеко от родины, но далеко от той страны, куда ей хотелось попасть. Она согласилась, решив, что это достойное начало.

На своей работе она обменялась адресами с несколькими людьми. Эти знакомства в основном ни к чему не привели. Однако она по-прежнему упражнялась в «Методе Звезды», и на следующий год ей совершенно неожиданно написала одна женщина, которая получила некоторую сумму денег и решила поехать в другую страну, но боялась ехать одна. И тут она вспомнила о девушке, которая стремилась попасть в ту же страну, и решила пригласить ее с собой.

Они отправились туда, но события вдруг приняли неожиданный оборот: столкнувшись с явно враждебной обстановкой, женщина решила отказаться от своего намерения и возвратилась домой, а девушка осталась. Она осталась и посвятила себя социальной работе, о которой давно мечтала, — а случись ей оказаться в этой стране годом раньше, она едва ли смогла бы остаться там.

Одной из наиболее интересных особенностей визуализации является то, что при создании мысленного образа цели полезно дополнять его образами всего того, что с ним связано. Визуализировать следует не одну только главную цель: ведь чем яснее вы составите представление о том, чего хотите, тем успешнее сможете двигаться к своей цели. Давайте начнем хотя бы с такого полезного эксперимента: попытайтесь создать мысленный образ какого-нибудь крупного объекта, который вы видели своими глазами или на каком-нибудь изображении (можно просто удерживать этот объект перед глазами). Это может быть большое здание в вашем городе, мавзолей Тадж-Махал или Пизанская башня, а может быть, какая-нибудь гора. Представление очертаний этого объекта не должно вызывать у вас особых трудностей, даже если на этом этапе вы еще не можете создать яркой мысленной картинки. (Если вы захотите освежить этот объект в памяти, то картинка может помочь в этом лучше, чем сама реальность.) Закройте глаза и постарайтесь «увидеть» этот объект с максимальной ясностью; если вам это пока не удается, то позже вы сможете увидеть свой объект наглядно и отчетливо. В любом случае постарайтесь «увидеть» объект таким, чтобы по размерам он не превосходил спичечный коробок.

Когда ваше сознание устойчиво зафиксирует очертания объекта или хотя бы его «видимость», картинка может застыть перед вашим умственным взором или уплыть куда-то в глубь сознания (сейчас неважно, как она себя поведет). Не открывая глаз, протяните перед собой палец и постарайтесь «коснуться» центра своей картинки. Сделайте это так, как если бы вы видели картинку на каком-то материальном и хорошо видимом носителе, и пусть ваш палец оставит в середине картинки темное пятнышко.

Здесь вы почувствуете, что ваш палец касается лба, — и в каком именно месте? В большинстве случаев это будет область несколько выше переносицы.

Затем повторите эксперимент, снова воспроизведите картинку и сильно нажимайте на нее пальцем около тридцати секунд, так, чтобы ощущение нажатия пальца в области лба сохранялось и тогда, когда палец уже убран.

Итак, только что вы сделали важное открытие. Практикуя созидательную визуализацию любым из множества способов, предложенных в этой книге, вы осознаете, что она пройдет гораздо легче, убедительнее и эффективнее, если вы с самого начала будете знать, где именно «размещается» ваш зрительный образ. Время от времени эксперимент с нажатием пальца следует повторять — сначала, например, дважды в день в течение недели, затем один раз в день в течение следующей недели, а дальше — тогда, когда вам захочется. Этот эксперимент не должен превращаться в обременительное упражнение — это просто свободный и легкий способ подготовки к визуализации, и он сослужит вам хорошую службу.

Понаблюдайте также за другими людьми: пытаясь что-нибудь припомнить, считая в уме или обдумывая нечто, что нужно себе вообразить, они часто самым естественным образом подносят пальцы к области лба.

Можно с уверенностью утверждать, что разные люди обладают различными способностями к созидательной визуализации. Более того, эти способности могут разниться у одного и того же человека в разном возрасте, или в разных состояниях здоровья. Многие люди, которые в молодости обладали даром создавать яркие мысленные образы, замечают, что с возрастом эта способность в большей или меньшей степени ослабевает. Женщины часто распоряжаются этой способностью лучше мужчин. В то же время у людей, работа которых почти не связана с числами и цифрами (в эту широкую область входят самые разные профессии — хирурга, земледельца, водителя, спортсмена, художника), по всей видимости, эта способность сильнее, чем, например, у бухгалтеров и программистов, работа которых требует абстрактного мышления.

Между двумя этими категориями профессий лежит еще одна, которая является своеобразной «группой риска» потери способности к визуализации: теоретическая и бумажная работа, по-видимому, склонна лишать людей этого дара, несмотря на то, что созидательная визуализация жизненно необходима им для достижения успеха на своем поприще. Эта категория очень обширна: она включает в себя юристов, духовенство, учителей, работников торговли и всех, кто тем или иным способом передает свои знания другим. Работая над этой книгой, мы стремились к тому, чтобы методом визуализации мог овладеть каждый, и мы постарались учесть особые потребности тех, у кого это вызовет трудности, равно как и потребности других групп обучающихся. Однако сущность метода во всех случаях останется неизменной.

Есть люди, которые не могут создавать четкие мысленные образы или контролировать то, что видят, или вовсе неспособны создавать зрительные образы. Подобные затруднения обусловлены физическими причинами (например, состоянием некоторых желез) или неизменными свойствами темперамента, но чаще всего они являются следствием порочных привычек мышления. Такие привычки, несомненно, могут и должны быть устранены.

Привычки мышления, в отличие от физических зависимостей, не связаны с привыканием к определенному стимулу. Они всецело зависят от эмоционального склада личности, и стоит только ему коренным образом измениться, как пагубные привычки мышления исчезают сами собой.

Что же касается эмоционального склада, то он начнет изменяться, когда наши стремления и желания обращаются в прямо противоположную сторону. Вместе с тем, выбранный вами новый предмет стремлений не должен вступать в противоречие с вашим эмоциональным складом. Ведь одного логического осознания того, что наши предпочтения по той или иной причине должны измениться, явно недостаточно. (Как недостаточно для этого одних только велений духовного порядка.) Все новое должно быть воспринято нашей эмоциональной природой, которая обязана увидеть в новшествах естественное и искренне желаемое благо, — лишь в этом случае наша эмоциональная сфера возьмется за устранение всех материальных и незримых препятствий, возникающих на нашем пути к цели.

Эта истина действительна для всех, — она заложена в самой природе человека. Преобладание эмоциональной сферы может быть слабостью (поскольку рассудку не под силу долгое время принуждать нас к тому, что противоречит нашему эмоциональному складу), но оно способно стать и основным источником сил, если мы действуем в согласии со своей эмоциональной природой.

Можно уподобить эмоциональную природу человека маленькому ребенку, который, не чуя опасности, хватает острый нож просто потому, что нож блестит и сверкает. Что бы вы стали делать в таком случае? Отнимать нож силой нельзя — это чревато самыми плачевными последствиями. Лучше всего помогает такой метод: дать ребенку в свободную руку что-нибудь еще более привлекательное, чем нож, — например яркую игрушку. Если правильно выбрать вещь и вовремя показать ее, ребенок очень скоро сам бросит нож.

Каждый из нас, независимо от степени своей зрелости, хранит в глубине души частичку эмоционального мира своего детства. Ножи и сладости нас больше не интересуют, но стоит только чему-нибудь заинтересовать нас, как начинает действовать тот же самый принцип.

Чтобы овладеть простой визуализацией (а это необходимо для перехода к созидательной визуализации), требуются в первую очередь следующие три качества: решимость, умение сосредотачиваться и терпение.

Люди часто жалуются на то, что именно эти три качества они утрачивают с возрастом, хотя подобное обычно не соответствует действительности. Многие сразу же по окончании школы обнаруживают у себя ощутимое ослабление этих качеств, которые еще несколько лет назад были в полном порядке, — и это особенно прискорбно, если учесть, что есть люди, которые не испытывают с этим никаких проблем и после семидесяти лет жизни. В этой связи надо заметить, что гибкость и подвижность ума являются одним из лучших рецептов долгой и счастливой жизни, придуманных человечеством к настоящему моменту.

Как правило, снижение возможностей ума, порождающее такое множество жалоб, есть не что иное, как бессознательное нежелание прилагать усилия, необходимые для развития способностей разума (которых никто из нас ничуть не жалел в детстве). Мы подозреваем, что очень часто люди приобретают необходимые для повседневной жизни навыки, знания и способности лишь на каком-то одном этапе, и на этом процесс их развития заканчивается.

Но если человек при помощи своего эмоционального склада действительно впитал в себя новую цель, вдохновляющую его и пробуждающую его к жизни, осознал ее важность и необходимость и решился обрести или развить основные показатели своего интеллекта, тогда все неосознанные преграды, робость и инерция старого исчезнут сами собой.

Подумайте о том, чего вы желаете больше всего на свете. Контролируя и направляя потенциал, необходимый для визуализации своей цели, вы получите желаемое.

Если же создание мысленных образов вызывает у вас проблемы, то наряду с «упражнением в касании лба» следует проделать следующее: подумать о том, чего вы хотите больше всего на свете, — независимо от того, знаете ли вы, как получить желаемое, или нет. Не имеет значения и то, идет ли речь о материальном или нематериальном предмете. Просто сосредоточьтесь на нем и попытайтесь собрать все свои силы, чтобы создать его образ, но главное — вызовите ощущение того, что вы обладаете им или пользуетесь им так, как вам хочется. Если вы желаете новую машину, то вообразите себе, как вы управляете ей; представьте себе все преимущества и удобства именно этого автомобиля с максимальной четкостью и ясностью. Если же предметом ваших мечтаний является другой человек, подумаете о том, что вы сказали бы ему или ей, что бы вы делали в его обществе. А если вы хотите обладать определенной суммой денег, сосредоточьтесь на том, на что бы вы ее потратили.

Пока что вы занимаетесь простым и доступным мысленным представлением объекта, но это представление осуществлялось уже с определенной целью. Осознавая то, насколько сильно вам хочется приобрести ту или иную вещь (и насколько ее хочет ваша эмоциональная природа), вы пытаетесь пробудить свою эмоциональную природу, включая и ее подсознательные уровни. Осуществляя эту простую визуализацию, постарайтесь создать максимально отчетливый образ и воспроизвести как можно больше ощущений, — и образ, и ощущение являются языком подсознания, который понятен вашей душе. Если у вас пока это получается не слишком хорошо, попробуйте рассмотреть сам предмет своих желаний или его изображение.

Давайте еще раз вернемся к нашему пещерному человеку и восточному мистику: мы уже говорили о том, что картинки и образы способны воссоздать любое мыслимое желание, которое может прийти на ум человеку.

Но может быть, вы сильно желаете сразу нескольких вещей, хотя между ними, как вам кажется, не существует никакой связи? Но отсутствие связи — не помеха: если вы стремитесь к ним с одинаковой силой, поступите так же, как в предыдущем случае, и расположите их в определенной последовательности. Сейчас важно пробудить эмоции, а не установить между вещами логическую связь.

Попрактиковавшись немного (может быть, даже совсем немного), вы ощутите, что действительно стремитесь к своей цели что есть сил; вам захочется в первую очередь развить свои способности к созидательной визуализации так, чтобы использовать их для достижения цели.

Это, конечно, хорошо. Однако на этом этапе не следует отказываться от создания простых мысленных образов. Ведь бессознательные слои психики потому и получили свое название, что мы не осознаем их работы, и, возможно, вам еще потребуется убрать из темных уголков подсознания накопившийся там мусор. Пусть эта работа вас не тревожит, — приготовьтесь к тому, чтобы вымести его окончательно и прямо сейчас. Другими словами, продолжайте создавать мысленные образы.

Теперь вы уже готовы к тому, чтобы приступать к визуализации. Начните с образа простой геометрической фигуры, например круга или треугольника, но выберите какую-то определенную фигуру, и не начинайте создавать образ, пока не определитесь с выбором.

Решимость — сосредоточенность — терпение.

Если внимание начинает рассеиваться или возникает образ другой фигуры, не расстраивайтесь и не падайте духом: просто начните все с начала. Помочь себе в такой ситуации можно несколькими способами. Можно тренироваться в самом темном помещении, которое вы сможете переносить. Если возникают спонтанные образы, подождите минуту или около того, пока они рассеются. Закройте глаза, но не сжимайте веки слишком сильно; коснитесь «точки визуализации» на лбу; затем, если хотите, можете осторожно положить руки на глаза, но постарайтесь при этом не давить на глазные яблоки.

Когда вам удастся создать образ фигуры, удерживайте его перед глазами и не позволяйте ему трансформироваться, пока вы сами этого не захотите. Затем решите, какую фигуру вам хочется увидеть следующей, и начните трансформацию, — скажем, превращайте круг в треугольник или треугольник в звезду. Если вы решите экспериментировать с более сложными образами — например со знаками Зодиака, — то для этого потребуется упражняться несколько дольше.

Если же вам не удается спокойно создавать образы с закрытыми глазами, попробуйте следующие варианты. Вариант первый: на просторной, плоской черной поверхности нужно вообразить себе контуры какого-нибудь предмета, как если бы они были нарисованы мелом. Естественно, глаза при этом закрывать не нужно. Вариант второй, тоже достаточно действенный: рассматривать при дневном свете нечто совершенно обыденное (вид из окна или просто комнату, уставленную мебелью), и внезапно «увидеть» на рассматриваемом фоне задуманный вами круг, треугольник или что-то еще. Такой образ часто появляется на долю секунды, но и он способен убедительно доказать вам, что все происходящее нашло отражение в глубине вашего сознания. Дело в том, что визуализация — это не обман зрения. Если она удалась вам, если вы увидели предмет с закрытыми глазами или вообразили его на черной поверхности, вы должны суметь вызвать этот образ снова.

Визуализацию осуществляет работа разума, а не работа глаз.

Помните о «точке визуализации», которая находится несколько выше переносицы, и которая вовсе не дублирует ваше физическое зрение. Визуализация, как и другие навыки, требует определенной ловкости, которая достигается настойчивыми тренировками, хотя ее очень трудно описать словами. Пока вы еще только овладеваете визуализацией, обязательно следует помнить о том, что образ, который возникает перед вашим умственным взором, появляется лишь тогда, когда вы этого хотите, — он не возникнет сам собой, подобно призраку. Овладевая визуализацией, вы скорее добьетесь успеха, если будете помнить о том, что она осуществляется без помощи физического зрения и глаз, и через некоторое время вы сможете создавать внутренние образы так же легко и быстро, как если бы вы видели их своими глазами.

Следующая глава даст вам немало советов, которые помогут вам; эти советы не просто будут помогать вам учиться — они помогут вам лучше организовать последующие занятия визуализацией, сделать их более приятными и содействовать постоянному росту их эффективности.

ВЫВОДЫ

Начните занятия визуализацией с нахождения точки в середине лба — места, где формируется ваш зрительный образ.

Закрыв глаза, «загадывайте» простые фигуры и создавайте их зрительные образы; с открытыми глазами образы фигур можно воспроизводить на черной поверхности или на короткое время представлять себе на любом фоне, который вы видите.

Решимость, сосредоточенность и терпение — вот три качества, которые необходимы для успешного освоения созидательной визуализацией.

Усильте свою мотивацию к занятиям путем создания повышенного эмоционального фона для своих желаний; время от времени занимайтесь созданием мысленных образов.

Глава вторая

КРУГ ВОЗМОЖНОСТЕЙ

Краткое содержание

Напряжение — враг созидательной визуализации.

1. Необходимо специально учиться расслабляться, поскольку:

А. Наши инстинкты действуют не в полную силу.

Б. Наши естественные импульсы и реакции замедлены.

В результате эмоции, не нашедшие выхода, приводят к возникновению напряжения.

2. Напряжение является естественным подготовительным этапом к действию, но если действие отложено или замедлено, напряжение становится чрезмерным, и его не всегда удается погасить полностью. А напряжение, которое не удалось сбросить, отнимает энергию у мощных интеллектуальных процессов.

3. Меры по расслаблению тела способствуют слиянию тела и души человека, обретающих гармонию, в единое целое; это содействует благоприятному состоянию всех уровней организма.

4. Созидательная релаксация благоприятно воздействует на организм в целом, поскольку снимает напряжение и восстанавливает нормальное течение энергии. Ритмичное дыхание заряжает нас энергией, способствуя ее правильному распределению; оно должно прочно войти в жизнь человека.

Вы уже убедились в том, что повышенный эмоциональный фон усиливает мотивацию движения к цели —

он вызывает у нас сильное стремление к освоению созидательной визуализацией и наполняет решимостью.

Одним из качеств, необходимых для успешного овладения визуализацией, является способность концентрироваться, — то есть способность удерживать внимание на определенном предмете достаточно долгое время. А злейшим врагом концентрации является физическое и нервное напряжение.

Таким образом, поддерживая в себе высокий заряд эмоциональной мотивации, мы должны убедиться в том, что энергия, необходимая для визуализации, не растрачивается попусту на нежелательное для нас мышечное и нервное напряжение.

Откуда берется напряжение? В природе мотив к действию и само действие разделены крайне незначительным промежутком. Например, олень, улавливая с ветром незнакомый запах, получает представление о типе и близости источника этого запаха и мгновенно уносится прочь. Орел, парящий в высоте, различает на земле малейшее движение, и ритм взмахов его могучих крыльев тотчас меняется: огромная птица засекает местонахождение жертвы и камнем падает на нее с неба. Если же действие отложено, возникает напряжение: напрягается кошка, стерегущая мышь, напрягается спрятавшийся в чаще кролик, чтобы мгновенным рывком спасти свою жизнь.

Вместе с тем животные, как правило, избегают напряжения, если у них не возникает кризисных ситуаций. Например, кошка, преследующая жертву, и кошка, которая лениво греется на солнце, — это два разных существа. Рыба, несмотря на свою неспособность закрывать глаза, может в тишине и покое отдыхать в родных глубинах; ее плавники совершенно спокойны, но при первой же необходимости спасать свою жизнь или броситься за кормом рыба может в мгновение ока метнуться вперед или назад.

В этом вопросе человек, по существу, ничем не отличается от животных. Напряжение служит ему естественной подготовкой для того, чтобы, сообразуясь с целью, совершить действие, и заканчивается вместе с самим действием. Если же совершить действие не представляется возможным, то напряжение или снимается, или сохраняется.

В некоторых видах спорта, например в боксе и фехтовании, всегда, когда это возможно, необходимо предугадывать, когда противник нанесет внезапный удар, — другими словами, надо понять, что он готовит действие, которое должен откладывать, если хочет, чтобы оно было успешным. Что в этом случае должен высматривать его соперник? Признаки напряжения. А в каком месте тела следует высматривать напряжение? Там, где проявляется любое напряжение: в лишенных мускулатуры тканях вокруг глаз.

Тело быстро выполняет (или пытается выполнить) то, что задумал разум, поэтому даже самые крохотные мышцы постараются привести себя в положение готовности к действию и напрячься, если это им по силам. Это совершенно естественно, однако человеку это приносит вред: напряжение выдает, что он что-то задумал. Поэтому тем, кто увлеченно занимается спортом, стоит поучиться превращать свое лицо в расслабленную, ничего не выражающую маску, которая не будет отражать никакие движения мысли. В этом нет ничего невозможного, и даже в самых напряженных поединках и при головокружительных темпах лицо может оставаться спокойным и ничего не выражающим.

Это правило распространяется и на игроков в карты. То же самое можно сказать и о балетных танцовщиках, проделывающих самые тонкие и трудоемкие движения, при этом они сообщают своему телу непринужденную грацию, а их лица ничего не выражают. Эти примеры доказывают: что бы ни творилось в уме у человека, он может расслабить тело. А если можно расслабить лицо, которое особенно чутко реагирует на эмоциональные изменения (оно смеется, хмурится, улыбается, бросает вопросительные взгляды и сотнями других способов выражает настроение человека), то руки, ноги и остальные части тела тем более можно расслабить.

Существует две основных причины, по которым нам, людям, в отличие от всех остальных живых существ, необходимо расслабляться произвольно. Во-первых, высокий уровень развития интеллекта вкупе с постоянным использованием его возможностей отчасти притупили инстинкты «цивилизованных людей» (хотя еще остались и такие уголки земного шара, в которые «цивилизованный» образ жизни и мышления пока еще не добрался).

Более того, искусственно созданные условия жизни человека и рост народонаселения (благодаря которому все больше и больше людей проводят свою жизнь в обществе в совершенно «рукотворной» среде), как правило, делают естественное проявление человеком своих инстинктивных склонностей все более нежелательным, а часто и совершенно невозможным. Например, люди не одобряют неприкрытое проявление гнева или негодования по отношению к близким, а гнев по адресу коллеги или начальника считается верхом неблагоразумия. Человеку становится все труднее искать отдушину для своих эмоций, за исключением общепринятых случаев выражения горя или радости, и он старается выразить свои эмоции теми способами, которые приняты в обществе. Иногда подобный выход из положения неизбежен; порой он даже благоприятен, но он означает, что ежедневно какое-то количество людей подавляют свои эмоции и импульсы, почти не осознавая этого и никак не восполняя то, чего они лишили себя. Так у нас накапливается довольно значительное напряжение.

Здесь может возникнуть замкнутый круг, поскольку, как уже было сказано, не нашедшее выхода напряжение губительно сказывается на решимости, сосредоточенности и терпении человека, решившего воплотить свои цели при помощи визуализации и навсегда завершить полосу неудач.

Поэтому первое, что нам нужно, — это научиться расслабляться и сделать упражнения на релаксацию частью повседневного образа жизни, чтобы тем самым неуклонно совершенствоваться в визуализации.

Но наша книга не просто предлагает полезные и при этом разрозненные методики и рецепты — она поможет вам построить свой образ жизни на таких основаниях, ценность которых признавали мудрейшие люди различных эпох и культур. Вы сможете выработать для себя наилучший образ жизни, который станет вам самой надежной опорой в развитии своих внутренних способностей и в исполнении своих желаний.

Таким образом, упражнения на расслабления, которые мы предлагаем, являются самым ценным подспорьем для изучения созидательной визуализации. Но и овладев ею в совершенстве, вы едва ли захотите прекращать занятия по релаксации, поскольку они способствуют обретению цельности, здоровья и подлинной гармонии души и тела — всего того, что является залогом благополучия в любом аспекте человеческой жизни.

Некоторые из нас постоянно сражаются с тем или иным незначительным недугом и часто слышат от друзей и соседей: «Ты слишком много о себе думаешь». Им следовало бы сказать: «Ты слишком много о себе думаешь *в негативном ключе*». Как-то раз журналист спросил одного знаменитого йога, в чем заключается секрет его железного здоровья и неизменной молодости, и тот ответил: «Я по очереди осматриваю все части своего тела и желаю каждой из них здоровья». Этот же рецепт мы хотели бы рекомендовать и вам.

Занятия созидательной релаксацией

Вот несколько полезных упражнений. Ваше тело — это не просто ваш друг: это целое множество друзей. У каждого из этих «друзей» есть свои особенности и странности, которые, впрочем, не побуждают нас меньше любить их. А эти «друзья» часто делают для нас очень много, даже не требуя благодарности. Сейчас вам предстоит познакомиться со всеми «друзьями», которые, соединившись, образуют ваше тело.

Останьтесь босиком; оденьтесь в свободную одежду, или разденьтесь вовсе.

Лягте на спину, ровно и удобно; подбородок слегка подтяните вверх, чтобы касаться своего ложа не столько затылком, сколько тыльной частью шеи. Можете подложить под голову мягкую, но не слишком толстую подушку, если вы не можете без нее обойтись. Руки лежат совершенно расслабленно, более или менее параллельно корпусу. Расслабив голени, проверьте, как себя чувствуют ваши ступни: они могут стать причиной дискомфорта, слишком отклоняясь наружу. Но не стоит переживать из-за того, как бы их расслабить (можно подкладывать что-нибудь рядом со ступнями, чтобы они не расходились в стороны).

Устроившись таким образом, сделайте несколько медленных, глубоких вдохов. Если вы расположились неверно или не слишком удобно, эти вдохи, возможно, подскажут вам, как именно вам следует выправить свое положение. Выполняя это упражнение, постарайтесь дышать только через нос, мерно и спокойно.

Теперь мы можем начать упражнение с правой ступни. Здесь будет уместно спросить, не приходилось ли вам читать роман Марка Твена «Янки из Коннектикута при дворе короля Артура»? Там есть эпизод, когда двух влюбленных отправили в заточение на долгие годы, не давая им возможности общаться друг с другом и с внешним миром. Янки удалось настоять на их освобождении, и он резонно решил, что сейчас влюбленные бросятся в объятия друг друга. Но этого не случилось: они не только не узнали друг друга, но и вовсе утратили способность к общению. Этот эпизод, конечно, должен был исторгнуть у читателя слезу, но любопытнее всего то, что Марк Твен оказался чутким наблюдателем и самобытным рассказчиком и понял, каким будет исход подобной разлуки, — и это притом, что книга была написана на заре психологической науки. Оказаться в одиночном заключении, быть преданным забвению и не иметь возможность общаться с людьми — вот неизбежный путь к развитию апатии, а затем и к полному исчезновению способности общаться и реагировать на внешние изменения.

Вы спросите, кто же в наши дни может подвергаться столь незавидной участи? Мы ответим: огромное множество людей держат в подобном плену... свои собственные ступни.

Даже в отпуске, когда у вас есть возможность ходить босиком или в сандалиях, много ли внимания вы уделяете (и уделяете ли вообще) своим ступням? (Речь не идет только о том, чтобы подстригать на них ногти, хотя и эту заботу о них нельзя назвать слишком большой.) Если вы давали себе труд заняться своими многострадальными ступнями, позволяли им греться на солнце, ласково обращались с ними и делали все, что им требовалось, то этот первый шаг к расслаблению дался вам без всякого труда. Но если вы долгие годы были глухи к их требованиям, они могут и вовсе остаться безучастными к тому, что вы изменили к ним свое отношение. Однако попробуйте все же помириться с ними.

Пошевелите пальцами правой ноги и посмотрите, сколькими из них (и насколько активно) вы можете двигать независимо от других. Сконцентрируйтесь и постарайтесь сделать так, чтобы каждый палец ответил на ваш посыл, — а для этого может понадобиться основательно сосредоточиться. (Не стоит тратить слишком много времени и сил, если результат получился неважный, однако в этом случае время от времени следует уделять пальцам ног несколько минут в день. Вы найдете это очень полезным для вашего продвижения на выбранном пути.) Теперь расслабьте пальцы ног.

Затем, не отрывая ноги от ложа, поднимайте правую ступню вверх (то есть, направьте носок стопы по направлению к голове); почувствуйте, как растягивается икроножная мышца и сокращаются передние мышцы голени. Проделайте это несколько раз; отправьте своим трудолюбивым мышцам, сухожилиям и нервам специальный посыл — подбодрите и похвалите их. Затем, не сгибая колена, попробуйте «сжать» пальцы ног (как если бы вы сжимали руку в кулак); разогните пальцы и повторите упражнение несколько раз. Затем расслабьтесь.

Теперь оторвите ногу от своего ложа, не сгибая колена, и посмотрите, как высоко вы можете ее поднять, чтобы при этом не сгибалось и левое колено. Подняв ногу до предела, повращайте ступней в голеностопном суставе — сделайте примерно шесть оборотов по часовой стрелке и столько же в обратном направлении. Поблагодарите все те части своего тела, которые поучаствовали в этой работе (движение некоторых из них вы сможете почувствовать). Медленно опустите ногу и расслабьте ее, после чего повторите весь цикл — подъем, вращение, опускание. Следите за тем, чтобы левое колено не сгибалось.

Теперь совершенно расслабьте правую ногу: пальцы, ступню, суставы и мышцы голени, колено, бедро и ягодицу. Похвалите и подбодрите свою правую ногу, внушите себе, что она сильная.

После этого повторите упражнение со своей левой ногой. Завершив его и снова поблагодарив и похвалив все части тела, участие которых в упражнении не укрылось от вашего глаза, удостоверьтесь в том, что обе ноги совершенно расслаблены. Пожелайте своей левой ноге силы и здоровья.

Теперь мы подошли к очень важной области — области живота. Надо сказать, что хотя на позитивные и благожелательные посылы отзовется любая часть вашего тела, высокоспециализированные внутренние органы брюшной полости и груди ответят на них почти сознательной реакцией. Несмотря на то, что данное упражнение на релаксацию предполагает сознательное расслабление лишь тех мышц конечностей и туловища, которые поддаются волевому контролю (а их насчитывается около шестисот), мускулатура внутренних органов такому контролю неподвластна. Они в большей степени отзываются на эмоциональные и инстинктивные посылы психики, и потому заряд положительных эмоций, который вы посылаете им, подействует на них особенно благотворно.

Итак, пока вы напрягаете и расслабляете мускулатуру живота, отправьте самые теплые пожелания каждому из внутренних органов в отдельности: печени и желчному пузырю, всем железам живота, селезенке, кишечнику, мочевому пузырю и половым органам. Постарайтесь ни о ком из них не забыть. Дело в том, что направляя добрые и благожелательные мысли внутренним органам, мы действуем в рамках двух взаимосвязанных психологических истин: мы можем по-настоящему познать лишь то, что мы любим, и мы можем по-настоящему любить лишь то, что мы знаем.

По этой причине последняя часть упражнения может даться вам лучше, если вы больше узнаете об устройстве и работе внутренних органов, а также об их расположении. Если вы решите просветиться в этом направлении, то подыщите себе медицинский справочник или учебник — они снабдят вас весьма ценной информацией. Будет еще полезнее, если вы посетите курсы по оказанию первой медицинской помощи и приобретете навыки, которые будут полезны не только вам, но и окружающим — таким образом ваше расположение к своим внутренним органам обретет и практическое воплощение.

Мышцы живота удобнее будет разделить на две группы — выше и ниже линии пупка. Мускулатуру нижней части живота вы недавно приводили в движение, поднимая и опуская ноги; и все же, если вы еще чувствуете в себе силы, повторите упражнение с попеременным подъемом и опускание правой и левой ног, но сосредотачивайтесь теперь на работе мышц нижней части живота, а не на мускулатуре ног. Теперь расслабьтесь. Напрягите мышцы поясницы (небольшие мышцы внизу спины) и расслабьте их — проделайте это несколько раз.

Затем сделайте глубокий вдох, — более глубокий, чем те, которые вы делали, выполняя это упражнение; позвольте воздуху проникнуть в нижнюю часть легких, так, чтобы верхняя часть живота надулась. Над этой фазой упражнения женщинам стоит поработать особо, поскольку женские ребра гибче мужских, и грудная клетка женщин естественным образом приспосабливается к объему воздуха, который они вдохнули. (Однако при этом следует убедиться, что наполнение воздухом нижней части легких не вызывает у вас дискомфорта.) Вдохнув, задержите дыхание и напрягите мускулатуру верхней части живота, — это действие равномернее распределит воздух по грудной клетке и шире раздвинет ребра. После этого выдохните. Задержка дыхания не должна вызывать у вас дискомфорта; главная ее задача — сделать так, чтобы мышцы живота, которые вы напрягаете, могли потрудиться. Сокращение мышц живота (впрочем, как и любые другие движения) не должно быть ни судорожным, ни порывистым.

Сделайте несколько серий таких вдохов и выдохов, после чего расслабьте мышцы живота. Не забудьте удостовериться в том, что мышцы ног и нижней части живота по-прежнему расслаблены.

Теперь мы займемся грудью, и здесь вам следует думать не только о мускулах, которые вам предстоит привести в движении, но и о сердце и легких. К этим важнейшим органам, которые безостановочно поддерживают вашу жизнь, вы должны испытывать самые глубокие и сильные чувства (без тени волнения или беспокойства), проникнувшись сознанием их важной роли. Поэтому радостно ощутите пульс своей жизни и исполнитесь самых светлых чувств, уверенности, оптимизма и решимости.

Сделайте медленный и глубокий вдох, но на этот раз постарайтесь не раздвигать грудную клетку, а просто «протолкнуть» воздух в легкие; когда вы ощутите, что легкие наполнились, осторожно заберите в них еще немного воздуха, — так, чтобы поступление этого воздуха вы могли бы ощутить. Затем осторожно выдохните так, как вы обычно выдыхаете, после чего сокращением диафрагмы (она находится сразу под ребрами) вытолкните из легких еще немного воздуха. Теперь дышите как обычно, расслабив мышцы груди. Сделайте еще три серии таких вдохов и выдохов.

После этого напрягите мышцы груди, сильно прижав локти к бокам, и расслабьте их. Отведите назад лопатки, и снова расслабьтесь. Затем напрягите мышцы шеи и расслабьте их. Повторите этот цикл еще несколько раз: грудь — плечи — шея — расслабление. Порадуйтесь ровному биению сердца и своему мерному дыханию.

Пожелайте добра, силы и здоровья своему телу и всем органам, которые в нем находятся.

Теперь поднимите правое предплечье ровно настолько, чтобы вы могли без усилий видеть правую руку; локоть прижмите к своему ложу. Выпрямите руку, разогните пальцы и затем разом согните их все. После этого пошевелите каждым пальцем в отдельности, подобно тому, как вы проделывали это с пальцами ног. Затем проделайте то же самое с большим пальцем, и протяните его через всю ладонь так далеко, как только сможете: может быть, вам даже удастся коснуться бугром большого пальца основания мизинца. После этого расслабьте и выпрямите руку.

Теперь, не сгибая пальцев, постарайтесь отвести кисть максимально далеко вниз, а затем — максимально далеко вверх. Проделайте это несколько раз, чувствуя, как на каждом прогибе растягиваются и напрягаются мышцы руки. Теперь повращайте кистью в запястье так плавно, как только сможете, — сначала по часовой стрелке, а затем — в обратном направлении. Подумайте о различных тканях руки, участвующих в этой работе: о костях, мышцах, нервах и сухожилиях; оцените навыки и впечатления, которые вы приобрели, подумайте о том, что вы обычно делаете этой рукой. (Что-то вы должны ей делать, даже если вы левша, а всем остальным людям, в свою очередь, рекомендуется более или менее освоить левую руку. Например, представьте себе, что будет, если вы растянете сухожилия правой руки — какие повседневные действия вы тогда сможете выполнять другой рукой? Словом, будьте благодарны и той руке, которой вы владеете хуже.)

Теперь поднимите руку до вертикального положения, согнув ее в локте под прямым углом; затем изо всех сил сожмите кулак (большой палец при этом остается снаружи), прогните его к запястью и напрягите бицепс. Расслабьтесь, затем проделайте это еще несколько раз, стараясь ощущать, как расслабляется трицепс (мышца-антагонист бицепса, расположенная в нижней части плеча) в момент напряжения бицепса. Расслабьте руку, и разжав кулак, опустите ее в исходное положение. Проделайте то же самое с левой рукой.

Теперь удостоверьтесь в том, что все мышцы, с которыми вы работали до сих пор, — то есть мышцы ног, живота, груди, плеч, шеи и рук, — расслаблены.

Затем стисните челюсти и с силой сомкните веки, после чего постепенно расслабьтесь. Подумайте о том, какие это замечательные органы — глаза, уши, нос, рот; какие богатейшие возможности для выражения мыслей и чувств предоставляют вам ваш голосовой аппарат, язык и губы. Задумайтесь о том, как много можно выразить улыбкой. А теперь улыбнитесь, — начните с тонких тканей, окружающих глаза, ощущая, как спокойно и радостно приподнимаются нижние веки и как ваши губы постепенно складываются в искреннюю и радостную улыбку. Разве что-то может помешать вам улыбнуться? У последователей мистических учений как Востока, так и Запада имеется один общий секрет: они считают, что нужно уметь хотя бы на мгновения «отключать» себя от всех забот, беспокойств, страхов, боли и сожалений, которые охватили вас, и тогда вы ощутите, что ваша подлинная суть — это чистая радость. Именно это обстоятельство помогает нам обрести решимость, умение сосредоточиться и терпение при помощи релаксации.

Теперь мы достигли последнего этапа упражнения. Расслабьтесь целиком и полностью, закрыв глаза и не двигаясь, ощущая тепло и тяжесть в конечностях. Прежде чем вы вернетесь к своим привычным делам, полежите так, спокойно дыша и слушая в течение нескольких минут стук своего сердца. Пожелайте здоровья, сил и благополучия своему мозгу и нервной системе, голове и лицу, органам зрения, осязания, обоняния, слуха и вкуса.

Это и есть Созидательная Релаксация. Вполне вероятно, вы захотите приспособить это упражнение к тем или иным своим личным особенностям или пристрастиям — это будет очень полезно. Главное — следить за тем, чтобы процесс расслабления не нарушал гармонии всего организма. Если это простое расслабляющее упражнение выполнять тщательно, оно принесет вам существенную пользу, помогая вам осваивать созидательную визуализацию, поскольку оно станет хорошим подспорьем для выработки решимости, способности концентрироваться и терпения. Только представьте себе, какой великолепный эффект окажет расслабление на ход созидательной визуализации! Вместо прежнего порочного круга напряжения возникает то, что можно назвать «кругом возможностей». Теперь, когда вы обнаружили и устранили все источники напряжения, поочередно расслабив каждую часть тела, вы сможете многократно усилить свой позитивный посыл, если представите себе, как все части вашего тела излучают здоровье.

Для того чтобы обрести и закрепить все качества, необходимые для достижения прочного успеха в созидательной визуализации, существует еще один способ.

Метод, о котором пойдет речь, связан с созидательной визуализацией в той же степени, что и с астральной проекцией, и по этой причине наша книга не была бы полной, если бы мы не упомянули о нем.

Ритмичное дыхание

Главное в освоении этого метода — привыкнуть к нему настолько, чтобы уметь пользоваться им совершенно осознанно, и затем многократно и совершенно автоматически прибегать к нему. Но если человек плохо управляет дыханием, то едва ли он сможет пользоваться этим методом часто. Следует заметить, что тот, кто занимается интенсивным умственным трудом, возможно, знаком с тем чувством досады, которое возникает, когда внезапно забываешь о дыхании, в результате чего теряется сосредоточенность.

Кроме того, ритмичное дыхание задает человеку естественный для него ритм деятельности, и если ему нужно произносить какие-либо слова (или, как в случае с созидательной релаксацией, выполнять определенные действия), он может приспособить ритм своей деятельности к ритму дыхания, так что после непродолжительной практики его охватит естественное чувство устойчивой внутренней гармонии.

Первое, что вам нужно сделать, это установить частоту сердечных сокращений, — например, приложив руку к вискам или особым точкам на шее или запястьях. Затем начинайте считать удары пульса.

Теперь наполните легкие воздухом настолько полно, насколько это будет удобно для вас; после этого сделайте ровный и контролируемый выдох длиной в шесть ударов пульса.

На следующие три удара пульса нужно задержать дыхание, а на следующие шесть ударов — сделать ритмичный вдох. Теперь поддерживайте этот ритм. Повторите весь цикл несколько раз, стараясь прочувствовать свое дыхание, ровное и спокойное. Привыкнуть к этому ритму дыхания вам поможет практика, однако может оказаться так, что последовательность «шесть—три—шесть» вам не подходит. Например, вы можете обнаружить, что на вдох или на выдох вам требуется несколько больше времени. Или, допустим, задержка дыхания на три удара пульса покажется вам слишком длинной и тяжелой. Хорошо, что вы обнаружили это, — в этом и заключается смысл первого эксперимента.

Теперь вам требуется установить такой ритм дыхания, при котором вы сможете без труда удерживать легкие полными воздуха на некоторое количество ударов пульса, а затем сделать комфортный и максимально «опустошающий» легкие выдох за вдвое большее количество ударов. Затем вам потребуется вдохнуть за это же количество ударов пульса, так, чтобы ваши легкие до предела наполнились воздухом. После некоторого количества попыток вы, вероятнее всего, остановитесь на одном из следующих дыхательных циклов:

Задержка дыхания после вдоха	Выдох	Задержка дыхания после выдоха	Вдох
2 удара	4 удара	2 удара	4 удара
3 удара	6 ударов	3 удара	6 ударов
4 удара	8 ударов	4 удара	8 ударов

Для выполнения стоящей перед вами задачи неважно, какой цикл вы выберете, — остановитесь на том, который покажется вам наиболее удобным. Более чем вероятно, что по прошествии некоторого времени вы поймете, что способны переходить к следующему циклу.

Например, вы начали с цикла «2-4-2-4», а затем установили, что контролируете свое дыхание настолько, что можете поддерживать и цикл «3-6-3-6». Переходите на него только тогда, когда сможете уверенно выдерживать весь ритм дыхания. То есть до тех пор, пока вы не осилите паузу в три удара пульса как после выдоха, так и после вдоха, не следует продлевать продолжительность вдоха или выдоха за пределы шести ударов пульса. Лучше подождите до следующей недели, и тогда вы, вероятнее всего, сможете без всяких неудобств ровно выдерживать ритм «3-6-3-6».

Вы можете экспериментировать, но всегда придерживайтесь предлагаемой нами схемы. Циклы вроде «1-2-1-2» или «5-10-5-10» не вполне обычны, хотя и они могут подойти вам. Главное, чтобы время выдоха или вдоха всегда было вдвое больше, чем время, на которое вы задерживаете дыхание, и чтобы вы всегда придерживались частоты пульса. Если у вас есть часы, которые тикают достаточно громко, уберите их куда-нибудь, чтобы их тиканье не мешало вам заниматься.

Принцип ритмичного дыхания распространен во всех уголках земного шара, хотя его применяют по-разному и для различных целей. Рискнув изменить предложенную нами ритмическую схему, вы окажетесь в положении человека, который экспериментирует с телеграфным ключом, не зная азбуки Морзе. А вот если вы научитесь ровному, ритмичному дыханию и сможете дышать так постоянно, то окажете себе неоценимую услугу. Дышите ритмично, когда вы занимаетесь релаксацией или созидательной визуализацией, когда засыпаете или занимаетесь умственным или физическим трудом. Ритмичное дыхание зарядит вас энергией и поможет правильно распределить ее.

Упражняйтесь в ритмичном дыхании до тех пор, пока оно не войдет в привычку, сделайте его своим союзником на всю жизнь.

ВЫВОДЫ

Ежедневно выполняйте упражнение на созидательную релаксацию, до тех пор, пока не овладеете им в совершенстве. Но и после этого выполняйте его каждый день, если ощущаете в нем потребность, если вы выполняете какую-нибудь из описанных выше процедур, которая требует расслабления, или просто потому, что вам это нравится. Если же вы решили не выполнять его ежедневно, ограничьтесь тремя занятиями в неделю.

Узнайте больше об органах и системах своего организма, если чувствуете, что это необходимо вам для освоения визуализации или для благотворного общения со своим телом.

Продолжайте заниматься простой визуализацией по способу, описанному в предыдущей главе, если ощущаете потребность в этом, однако пусть она не заставляет вас откладывать остальные техники и упражнения, описанные в этой книге: прежде, чем вы поймете, что вполне овладели созидательной визуализацией, вам предстоит проделать еще немало работы. Кроме того, вместе с вашим прогрессом будет расти и мотивация к работе, которая станет залогом вашего роста. Вы ощутите потенциал созидательной визуализации и поймете, почему она так необходима вам.

Упражняйтесь в ритмичном дыхании всегда и везде, используя любую возможность.

Глава третья

ВАС ЖДЕТ ВЕЛИКОЕ БУДУЩЕЕ

Краткое содержание

Ритмичное дыхание придает вам сил и организует любую вашу деятельность. Каждый из нас является частью Вселенной, и единственное, что мешает нам воспользоваться ее изобилием и богатством, — это неосознанное чувство отчужденности, которое может у нас сохраняться. Это препятствие можно устранить, если «перепрограммировать» подсознание. Работая над развитием своих скрытых способностей, вы вступаете в контакт с бессознательными слоями психики.

А. Подсознанию чужды контроль и ответственность.

Б. Вы должны научиться контролировать подсознание при помощи разума.

В. Отождествляйте свои желания с ощущением радости и пойте о них. Песня взывает к эмоциям, пробиваясь через плотную завесу подсознания.

Возможно, первое время вы не верили, что можно упражняться в ритмичном дыхании и не думать о нем, — но беспокоиться не следует. Если вы строго придерживаетесь методики, предложенной в предыдущей главе, то в один прекрасный день вы глубоко задумаетесь или погрузитесь в вычисления и спустя некоторое время ощутите, что дышите ритмично вот уже целый час, но совершенно не думаете об этом.

С самого начала вы должны внедрять метод ритмичного дыхания в занятия визуализацией, будь то простая или созидательная визуализация (и это вполне посильная задача). Вы обнаружите, что, придерживаясь какого-то основного ритма (а ритм является неотъемлемой частью человеческой жизни), вы облегчаете себе организацию работы, которую вы выполняете, и обретаете дополнительные силы.

Теперь можно подумать о том, как лучше всего организовать занятия визуализацией. Подумайте, какие часы будут особенно благоприятны для них. Лучшим выбором станет раннее утро, поскольку в этом случае вы начнете свой день наилучшим образом: ведь первым вашим делом будет движение к своей нынешней, или, по крайней мере, будущей цели. Неплохо будет сделать визуализацию и последним событием дня, проведя ее поздно вечером, — возможно, тогда вы подключите к ней подсознание (а именно к этому и следует стремиться), заставив его работать во время вашего сна, тем самым «запрограммировать» вас на определенные действия после пробуждения. Есть и третий вариант, сам по себе не слишком выигрышный, — заниматься визуализацией в середине дня.

Если же вам удастся заниматься дважды или трижды в день, это будет еще лучше. Однако следует все же настраиваться на определенное количество регулярных занятий, а не надеяться на возможное стечение обстоятельств.

В любом случае, если вы собираетесь заниматься сидя, сидеть следует на твердой поверхности, расслабиться и держать спину прямой (в значительной степени это зависит от правильной, устойчивой посадки), а ноги поставить рядом друг с другом на пол всей ступней. Спокойно положите руки ладонями на бедра, если вы не собираетесь выполнять ими какие-либо особые движения (что совершенно естественно для занятий визуализацией). Если вы занимаетесь вечером, лучше всего предварительно провести упражнение на расслабление, чтобы расслабиться перед отходом ко сну, лечь на удобный матрас, но главное — заниматься визуализацией, уже лежа в постели.

Лягте на спину, по возможности распластавшись всем телом. Конечно, если вам необходима подушка (это относится к больным хроническим бронхитом), воспользуйтесь ей, однако лучше всего будет лечь на маленькую плоскую подушечку, если вы сможете приучить себя к ней. Это полезно не только для визуализации, но и для любых других занятий по развитию внутренних способностей. Все дело в том, что мозг нуждается в большом количестве крови, и для того, чтобы работать должным образом (особенно если учесть, что визуализация является для мозга незнакомым делом), ему требуется бесперебойное снабжение кровью. Мы привыкли держать его на голодном пайке и проводить день сидя (в то время как в древности во многих культурах было принято проводить значительную часть досуга полулежа), так давайте хотя бы во время сна будем обеспечивать мозг должным количеством крови.

Кроме того, во время сна человеку необходимо достаточное количество свежего воздуха. Если для этого вам понадобится открыть окно, не впустив при этом в комнату свет луны или уличных огней, сделайте или купите специальную повязку для глаз. Сейчас продаются узкие светонепроницаемые повязки, напоминающие карнавальные полумаски, но без отверстий для глаз, — они удерживаются на голове при помощи резинки. Такая повязка не слишком удивит вашего партнера или друга, если он неожиданно войдет в комнату.

Удобно устроившись в темной, хорошо проветренной комнате или с комфортом расположившись где-нибудь при свете дня, вы приступаете к следующему этапу — начинаете ритмично дышать. Можно ограничиться десятью циклами вдохов и выдохов (можно сделать и больше, если вам так хочется), а затем приступать непосредственно к визуализации, будь то простой ее вариант или сложная созидательная визуализация.

Приступив к занятиям, продолжайте дышать ритмично, и в скором времени вы убедитесь, что сочетать два этих занятия — совершенно не сложная задача. Например, занимаясь простой визуализацией, можно на вдохе выверять свойства фигуры, которую вы «промысливаете» (действительно ли это треугольник, насколько велики его углы, равны ли его стороны, куда смотрит его вершина). Затем, задержав дыхание, дайте своим мыслям укрепиться, а выдыхая, представьте себе требуемую фигуру. На следующем вдохе «сотрите» прежние представления, сделайте паузу, а затем поставьте себе новые условия. На первом, начальном этапе созидательной визуализации можно на вдохе представить себе тот или иной предмет (скажем, дом), задержать эту картинку, пока вы удерживаете дыхание, а на выдохе мысленно произнести слова внушения, например: «это мой дом, это мой дом». Возможно, вы будете внушать себе и не столь банальные слова или образы; главное — удостовериться, что вы собираетесь внушать себе именно то, что нужно.

Неправильное внушение часто имеет место, когда люди работают над развитием внутренних способностей. Оно может сильно утомить вас или представлять даже определенную опасность, поскольку внушение способно заставить человека выполнить то, что он себе внушил, а не то, что он имел в виду. (Так, один человек постоянно повторял себе: «Мне нужен новый дом», а затем мысленно добавлял: «Тогда я смогу жениться на своей подруге», и в скором времени он ловил себя на мысли: «Нужно завести другую девушку».)

Почему так происходит? Причина, по которой люди говорят не то, что им хочется, и по которой их слова в итоге сбываются, одна и та же: стремясь развить свои скрытые способности, мы естественным образом обращаемся к сфере бессознательного.

А подсознанию чужды контроль и ответственность. Так, маленький ребенок, еще не обретший способность к рациональному мышлению, или душевнобольной человек, в котором эта способность дремлет, или лунатик не могут отвечать за свои поступки, поскольку всеми тремя (хотя и по разным причинам) руководят бессознательные слои психики.

Однако подсознание способно весьма эффективно помочь, если мы стремимся чего-то достичь. Например, взгляните на любое животное, — как умело оно приспосабливается к своей среде обитания и обстоятельствам. Но едва ли хоть одно животное способно сделать это путем целенаправленных размышлений. И уж тем более, животное, в отличие от человека, не смогло бы понять, что оно уже получило то, что ему нужно.

У оленя есть дополнительные «ноздри» для воздуха возле внутренних уголков глаз, так что когда он очень быстро бежит, то получает больше воздуха, чем может получить, дыша носом. У многих видов животных детеныши рождаются пестрыми или полосатыми, в то время как их родители имеют ровный окрас: детеныши нуждаются в дополнительных средствах маскировки, которые помогают им сливаться с норой или укрытием, в котором они растут. Только что появившаяся на свет камбала плавает, как рыба-ангел, но став взрослой, она в основном лежит на боку на морском дне. (Но сначала один ее глаз должен переместиться по направлению к другому, так что они оба оказываются вверху головы.) Подобных примеров приспособляемости можно перечислить огромное множество: у кошек развились особые свойства глаз, у лошадей — копыта, а бабочки, сложив крылья, нередко напоминают формой и цветом палый лист.

Подобные явления, безусловно, заслуживают пристального внимания. Дарвин пытался объяснить это тем, что определенные виды животных получали защитные «приспособления», так что этим «усовершенствованным» видам удавалось выжить за счет тех видов, которые такими «приспособлениями» не обладали. Это вполне удовлетворительное объяснение, однако оно ничего не говорит о том, как именно развились сами эти приспособления. И теория о «всезнающем провидении» в этом смысле ничего не объясняет, потому что отвечающие за подобные приспособления подсознательные слои психики ни у человека, ни у животных отнюдь не являются «всевидящими».

Возьмем хотя бы доисторических ирландских лосей. Ирландский лось (кости этих животных находят во многих местах, однако на территории Ирландии и Дании таких находок больше всего) едва ли мог «желать», как это делают люди, стать крупнее или отрастить более внушительные рога. Нельзя сказать с уверенностью, какой именно физиологический процесс происходил в данном случае, но, по всей вероятности, мы имеем дело с усвоением питательных веществ и работой желез. Очевидно, до некоторой степени, огромные размеры тела и рогов самцов лосей были преимуществом — с их помощью было легче оборонять стадо от волков, медведей и прочих хищников. Наряду с дарвинистами мы можем даже утверждать, что, когда ирландские лоси уже достигли внушительных размеров, могучие самцы, без сомнения, могли одерживать верх над менее крупными лосями в поединках за самку. Все эти факторы работали в пользу данного вида, так что с течением времени ирландские лоси, вырастая, превращались в огромных зверей с внушительными ветвистыми рогами, подчас достигавшими четырех метров в длину.

Но затем ирландские лоси постепенно стали вымирать, причем первыми исчезли с лица Земли самые крупные экземпляры. В чем была причина этого? Ученые предлагали самые разные версии, однако причина заключалась именно в рогах. Вероятнее всего, лоси должны были обитать в лесах (поскольку именно там эти гиганты могли получить достаточное количество растительной пищи), а чудовищных размеров рога не позволяли самцам передвигаться достаточно быстро, так что они не могли защитить стадо, да и сами становились легкой добычей.

Поэтому нет ничего плохого в том, чтобы с помощью бессознательных слоев психики получить то, что вам действительно нужно, но допускать бесконтрольную деятельность бессознательного ни в коем случае нельзя. Поступками человека должен управлять в первую очередь разум, иначе подсознание и инстинкты могут навлечь на человека беду.

Но это не означает, что разум является высшей способностью человеческой психики. Строго говоря, он ею и не является, и по мере развития своих скрытых способностей вы будете все больше проникаться сознанием того, что в высших слоях вашей психики существует еще и другая реальность. Однако прежде чем осознание этого появится, необходимо эффективно и безопасно развивать внутренние способности.

Таким образом, приступая к визуализации, продумайте, что именно вы хотите представить себе, скажите об этом тихо, а затем громко.

В процессе визуализации не следует поддаваться внезапным порывам. Все, что пришло вам в голову, нужно тщательно обдумать, прежде чем решиться внести изменения в ход занятий.

«Формулу цели» следует произносить только во время занятия — не открывайте ее никому, но одновременно, по мере своих сил, думайте, говорите и действуйте в соответствии с ней.

Помните — вас ждет великое будущее.

Это правда: вас ждет великое будущее.

Сознание того, что это будущее неизбежно настанет, поможет вам на данном этапе обуздать бессознательные слои психики.

Большинство проблем с воплощением задуманных целей проистекает из-за того, что по той или иной причине люди часто чувствуют себя отчужденными и обездоленными, так что когда наступает пора пожинать плоды, сфера бессознательного берет власть в свои руки.

Подобное происходит отчасти в результате следующего заблуждения: наша инстинктивно-эмоциональная природа ощущает подавленность и обездоленность, потому что у нас утратилось ощущение единства с миром вокруг нас и с Вселенной, в которой мы живем.

Но это неверное восприятие единства с миром вам однажды придется преодолеть с помощью созидательной визуализации. Ведь все мы безусловно являемся неотъемлемой частью мироздания и никогда не сможем «отделиться» от Вселенной — нам лишь следует брать из ее богатств все, что мы считаем полезным для себя.

Последний факт очень важен. Люди, которые в силу определенных причин чувствуют себя «отрезанным ломтем», должны осознать, что они являются неотъемлемой частью этого мира, им следует изменить свое отношение к нему вплоть до самых глубин подсознания. Другими словами, когда они увидят перед собой изобилие Вселенной, то даже самая железная сила воли едва ли поможет им удержаться от объединения с тем, что они считали чуждым себе. Все дело в том, что в данном случае над человеком возьмут верх эмоционально-инстинктивные слои психики, которые также относятся к области бессознательного.

Итак, выберите, чего именно вы хотите от жизни, и это органично вольется в ваши реальные жизненные планы, но подчините всю свою эмоциональную природу достижению поставленной цели. Не позволяйте ей отвлекаться на второстепенные задачи или распылять ее силы на огромное множество незначительных, ненужных или противоречащих друг другу целей (к которым стремитесь вы сами, а вовсе не ваша эмоциональная сфера). Однако в первую очередь следует думать о самых приятных вещах, которым вы отвели место в своих жизненных планах.

Один способ сосредоточить внимание на предмете, получая удовольствие от его созерцания, заключается в создании зрительного образа, или «картинки» (речь об этом уже шла выше). Но, кроме того, вы можете связать свою цель с самым радостным и приятным из всех существующих занятий: пойте о ней. Неважно, насколько силен ваш голос, — ведь петь вам вполне по силам! Петь можно даже беззвучно, про себя, петь в своем воображении — и в некоторых обстоятельствах вы, скорее всего, выберете именно такую манеру пения.

Пойте о своей цели.

Если вы стремитесь, например, отдохнуть в сельской тиши, или приобрести дом в какой-то местности, или жить в таком доме вместе с любимым человеком (вот благодатная тема для поэтов!), то найти нужные слова вам будет достаточно просто. (Хотя и здесь нужно опасаться негативных слов и образов, поскольку и в этом жанре поэтам случалось писать немало грустных стихов и песен.) Однако если ваша цель относится к разряду менее романтичных вещей, вам придется немного поломать голову. Впрочем, исполнять песню в концертном зале вас никто не заставит — скорее всего, вы будете петь ее, когда никого не будет поблизости, а во всех остальных случаях просто мурлыкать ее себе под нос или насвистывать обрывок мелодии, под который будете мысленно петь слова.

Поэтому не нужно обладать незаурядными музыкальными способностями: можете взять любую мелодию и приспособить к ней подходящие слова. Позаимствуйте любую популярную мелодию, которую вам будет несложно петь.

И вы почувствуете, что даже самая короткая и незатейливая песня станет для вас довольно сильным стимулом: вы ощутите, что ваша диссертация нужна вам еще больше, что вы еще сильнее хотите привлекательно выглядеть в купальном костюме, испытаете еще больше радости от планируемого приобретения.

По поводу достижения желаемой цели с помощью песни нужно сделать два следующих примечания:

1. Вы должны верить в свою цель: задуманное сбывается лишь тогда, когда ваше представление о событии или предмете настолько отчетливо и сильно, что оно способно выйти в астральный план. (Подробнее об этом речь пойдет в следующей главе.)

2. Воплощение цели при помощи песни должно помогать вам, а не сбивать вас с пути, — то есть вынуждать вас действовать во имя осуществления того, что вы задумали: например для защиты диссертации нужно учиться, для покупки машины — откладывать деньги (если это возможно), а для того, чтобы похудеть, — соблюдать диету.

Соответствующие действия необходимо сделать в реальной жизни для того, чтобы достигнуть поставленной цели, что именно здесь, в материальном мире, вы хотите получить желаемое. Что же касается созидательной визуализации, то она призвана позаботиться лишь о тех факторах, над которыми вы не властны. Например, она поможет вам предусмотреть все возможные вопросы на защите диссертации, перестать с удовольствием думать о пище, от которой вы поправляетесь, или найти дополнительные источники дохода, которые помогли бы вам накопить нужную сумму для покупки машины. Визуализация может сделать для вас множество удивительных вещей, которые едва ли можно перечислить на страницах этой книги, и она их сделает. Эти «сюрпризы» будут в высшей степени индивидуальными — они будут напоминать полученное письмо, на конверте которого будет стоять ваше имя.

ВЫВОДЫ

Составьте расписание занятий созидательной визуализацией, чтобы заниматься ею регулярно.

Занятия визуализацией в вечернее время будут особенно эффективны, если заниматься, лежа в постели.

Определитесь, чего именно вы хотите от жизни, и полностью подчините выбранной цели свою эмоциональную сферу.

Произнесение формулы внушения можно сочетать с ритмичным дыханием — это усиливает эффективность визуализации:
вдох — представляете себе нужный образ;
задержка дыхания — воплотите этот образ;
выдох — произнесите формулу внушения.

Придумайте песню о предмете своих желаний. Легче всего будет изменить слова уже существующей песни — таким образом ваша цель прочнее осядет в сознании.

Глава четвертая

ПОТОК, ДАРУЮЩИЙ ЖИЗНЬ

Краткое содержание

1. Существование человека протекает на четырех уровнях или планах. Это:
   - А. Высшая сущность, божественный огонь, уровень, о котором люди, как правило, не подозревают.
   - Б. Разум или сознательное мышление: отвечает за благосостояние физической оболочки человека.
   - В. Сфера инстинктов и эмоций, которая проявляется посредством эмоций и погружена на самое «дно» психики — в ее бессознательные слои.
   - Г. Физическое тело: мозг, органы чувств и нервная система.

2. Вселенная также имеет четыре взаимосвязанных уровня. Это:
   - А. Божественный мир, в котором существует наше высшее сознание.
   - Б. Мир разума и мыслей, в котором действует наше сознательное мышление.
   - В. Астральный мир, в котором действует наша инстинктивно-эмоциональная сфера.
   - Г. Материальный мир, в котором существует наше физическое тело.

3. Мы существуем и действуем на каждом из уровней Вселенной, в то время как наш разум не отдает себе в этом полного отчета:

А. Не приходится сомневаться, что человек действует и на тех уровнях или планах, где его индивидуального сознания не существует.

Б. Для того чтобы действовать, соблюдая цельность четырех планов (устраняя с пути помехи и преграды), необходимо наладить взаимодействие между нашими «существованиями» на неосознаваемых уровнях.

В. Действия на каждом уровне находятся в зависимости от высшего или низшего уровня или действуют с ними на равных.

Г. Чем выше уровень, на котором мы действуем, тем более устойчивыми и значительными будут результаты наших действий.

Д. Наполняя себя светом, мы устанавливаем контакт с высшей сущностью.

Впереди вас ждет очень важная глава. И хотя «неважных» глав в этой книге нет, прочитав, изучив и поняв четвертую главу, вы сможете глубже проникнуть в смысл остальных глав и разделов книги.

При помощи созидательной визуализации можно достичь чего-то или завладеть чем-то, к чему вы искренне стремитесь. Это по силам любому, кто осознанно или бессознательно будет применять принципы визуализации. Но откуда происходит такое изобилие возможностей? Как оно приходит к нам и вправе ли мы черпать из него?

Ответы на эти вопросы вы должны усвоить со всей ясностью и определенностью. Ведь чем лучше вы поймете принципы действия созидательной визуализации, тем эффективнее сможете применить их в действии и тем более впечатляющие результаты они дадут.

Человек одновременно существует на четырех различных уровнях. Во-первых, это уровень высшей сущности, ваша подлинная духовная природа, божественная по своей сути («божественное пламя»), — уровень высшего сознания, интуитивного знания и высших способностей, о котором большинство из нас в своей повседневной жизни не отдает себе отчета.

Далее идет уровень разума и сознания, который должен быть восприимчивым к любым проявлениям высшей сущности, но который, наряду с этим, должен особенно заботиться о благополучии низших уровней нашего существования.

Следующим идет инстинктивно-эмоциональный уровень — вы начинаете осознавать его, когда он заявляет о себе посредством эмоций. В остальное время он большей своей частью погружен в низшие слои психики (взаимодействующие с теми нервами, работа которых не поддается волевому контролю).

И наконец, существует физическое тело, частями которого являются мозг, органы чувств и нервная система.

Вселенная, окружающая нас, также располагается на четырех уровнях, которые соответствуют уровням существования человека. (Можно справедливо утверждать, что в силу своего ограниченного восприятия человек не может узнать о существовании других уровней Вселенной, если они и существуют.) Это божественный мир, в котором обитает наша высшая сущность, мир разума и мыслей, место обитания нашего рационального сознания, астральный мир, где обитает наша инстинктивно-эмоциональная природа, и материальный мир, в котором живет наше бренное тело.

Поэтому вы, как и всякий другой человек, существуете на всех этих уровнях, хотя ваш рассудок способен постигнуть лишь определенную часть Вселенной.

Следовательно, особенно важно согласовать свои поступки на всех уровнях, которые вы не осознаете. Причем вам под силу проникнуть на каждый из уровней, на которых вы не можете осознать себя как личность. Приведем такой пример: ученые производят наблюдения и берут пробы на других планетах или на океанском дне, несмотря на то, что при помощи своих органов чувств они бы не смогли этого сделать: различные приспособления видят, слышат и действуют вместо них.

В нашем случае в роли таких приспособлений выступят различные аспекты нашей личности и психики, и по мере развития ваших внутренних способностей вы должны будете удостовериться в их существовании — и это будет один из самых важных этапов вашего развития.

Впрочем, для понимания того, каковы механизмы созидательной визуализации, давайте обратимся к некоторым сведениям из области мистерий — эти сведения будут иметь отношения и к внешнему миру.

На каждом из планов своего существования человек способен выходить на соответствующий уровень Вселенной. Прибегнем к такому сравнению: в то время как мы сами работаем в саду (в материальном мире), наши эмоции поднимаются на астральный уровень. Наше сознание в это время действует на уровне мыслей и разума, а если в этот момент мы сможем разжечь в себе частицу божественного огня, то сможем выйти на уровень божественного мира.

Каждый из уровней или планов Вселенной способен воздействовать на остальные планы и взаимодействовать с ними. Впрочем, четких границ между планами не существует. Вот подходящее сравнение: представьте себе, что над землей стелется пар. Над твердой почвой в данный момент находится слой жидкой грязи, чуть выше — слой мутной воды и наконец чистая вода; на поверхности воды появляются пузыри и чуть выше них — облачко насыщенного водяного пара, выше которого — обычный чистый воздух.

Мир мыслей и разума порожден божественным миром, который восприимчив к его воздействию, а сам он улавливает влияния из астрального мира и воздействует на него. Астральный план появился из плана мыслей и разума, но он улавливает и волны, порожденные материальным миром. Последний, в свою очередь, порожден астральным миром и находится под его непосредственным воздействием.

Поэтому можно без особых усилий создавать импульсы и образы и «пересаживать» их в астральный план.

При помощи силы воли и концентрации эти импульсы и образы астрального мира можно «напитать» силой мысленного плана, а поскольку эта сила по-прежнему останется частью ментального плана, теперь наши импульсы и образы начнут действовать и на этом, новом уровне.

Вызвать же напрямую какое-либо действие на божественном уровне человек не может (если он не относится к посвященным высокого уровня или мистикам, постигшим так называемую «тавматургию», или «науку чудес»). Однако ценой соответствующих усилий мы можем создать «канал», по которому божественная сила будет воздействовать на мысленный план, причем известно, что, если этот канал проведен правильно, он будет успешно проводить эту силу. Затем, если эта связь окажется продолжительной, она окажет воздействие на астральный план (который зависит от мысленного плана), и это, в свою очередь, окажет непосредственное воздействие на материальный мир.

Но если мы способны переносить свои импульсы и образы в астральный план, нельзя ли ограничиться только этим, чтобы прекратить воздействие и понаблюдать, какой эффект окажет астральный план на материальный мир?

Иногда созидательную визуализацию действительно доводят только до этого уровня, но тогда она, по всей вероятности, будет способна приносить лишь незначительные и кратковременные результаты.

Чем выше уровень, который мы задействуем при осуществлении желаемой цели, тем более прочными будут достигнутые результаты.

Это было известно средневековым мистикам. К событиям, вызванным воздействием всего лишь на астральный план, они относились с презрением, видя в них недостаток знаний для более высоких контактов или страх осуществить их, вызванный нравственными колебаниями. Незначительные и преходящие результаты воздействия на астральный план они обозначали словом, которое можно перевести как «прелесть» или «фокус», намекая на их внешний блеск и притягательность. Поэтому, в свете всего сказанного для вас очень важно:

1. Знать, как при помощи созидательной визуализации можно проникнуть на высшие уровни или планы, и тем самым обеспечить гарантированные и долговечные результаты.

2. Принять этические основы визуализации, чтобы у вас не оставалось никаких сомнений, оговорок или скрытого чувства вины — все это может повредить вашему контакту с высшими планами или вовсе свести ваши усилия на нет.

Дальнейшие главы книги посвящены практическим аспектам занятий различными видами созидательной визуализации. Что же касается этических аспектов, то к ним мы перейдем прямо сейчас.

Мы уже знаем, как различные уровни или планы Вселенной взаимодействуют друг с другом, и знаем, что они тесно переплетены друг с другом и составляют одно целое. Между духом и материей нельзя провести четкой грани по той простой причине, что в масштабе мироздания такие четкие грани встречаются крайне редко, являясь совершенно непривычным явлением.

Даже в экваториальных широтах существует короткий промежуток времени между началом восхода или заката солнца и его полным появлением или исчезновением, короткие сумерки, которые мягко меняют день на ночь. Во многих областях земного шара существуют земноводные млекопитающие, и есть также рыбы, ходящие по суше или лазающие по деревьям. Можно встретить животных, похожих на растения, и растения, похожие на животных. Поэтому не будем развивать эту увлекательную тему дальше, а просто скажем, что никаких четких границ не существует. Все, что существует на Земле и во Вселенной, объединено в одну систему, да и сам человек представляет собой единое целое, состоящее из бренной оболочки тела и нетленного духа. Может случиться так, что, находясь в состоянии подавленности, вы будете испытывать физические недомогания от одних только мыслей и чувств. И напротив, часто страдания тела можно преодолеть, внушив себе радость и бодрость духа, ощущение уверенности и силы, которые вы будете черпать в себе или в ком-то еще (ведь и «границы» между людьми также не являются слишком уж нерушимыми.)

В наши дни физики утверждают то, что всегда было известно мистикам: любая существующая материя, даже самая тяжелая и плотная, является формой энергии. А что же такое энергия?

К счастью, нам не придется слишком глубоко вдаваться в ее определение, поэтому можно ограничиться одним из общепринятых определений, которые обозначают энергию как силу, потенциал или меру движения материи или совершения определенной деятельности. Нельзя не отметить, что именно эта сила и способность к деятельности пронизывают всю жизнь человека, — возьмем хотя бы дыхание и непрекращающуюся работу разума и чувств. Кроме того, вы живете во Вселенной, в которой все обладает точно такими же свойствами и в духовном, и в материальном плане. (Даже в куске свинца или стекла постоянно происходит движение, поскольку и они состоят из атомов, которые также делятся на составляющие).

Поэтому никак нельзя согласиться с теми, кто утверждает, что для получения материальных благ следует пользоваться физическими силами и возможностями, в то время как духовный потенциал необходим лишь для обретения духовных ценностей.

К тому же для успеха физического труда нам необходимы интеллектуальные усилия, в то время как для умственного труда нам необходима энергия, которую мы можем получить, правильно и в достаточном количестве питаясь и отдыхая. И в этом случае человек также предстает цельным существом.

Однако огромное множество людей создает себе трудности, когда пытается следовать ряду положений Нового Завета, вырванных из контекста, и руководствоваться ими в жизни. Но едва ли правильно и справедливо рассматривать положения любой книги, а особенно такой сложной, как Новый Завет, вне контекста. Ведь уже одно только существование четырех Евангелий требует, чтобы каждое положение Нового Завета рассматривалось всесторонне.

Для того чтобы прокомментировать ряд положений Нового Завета, мы должны рассматривать его в определенном «цельном» контексте, учитывая, для кого именно он был написан.

Он предназначался для народов Восточного Средиземноморья, преимущественно евреев и греков, людей с высоко развитым интеллектом, но более суровых и жестких, но менее чувствительных, чем сегодняшние читатели этой книги.

Однако в этом были и свои достоинства. Греки, евреи и представители других культурных народов были вполне убеждены, что их бог или боги должны заботиться о их нуждах, а эти нужды они привыкли рассматривать в устоявшемся, традиционном ключе — даже когда старые традиции уже не соответствовали особенностям личности и характера конкретных людей. Кроме того, эти народы, возможно, и нуждались в заповеди «люби своего ближнего, как самого себя», но они, по крайней мере, действительно умели любить себя, что не всегда можно сказать о «человеке разумном» сегодняшних дней.

Поэтому, читая Новый Завет, мы должны думать не только о том, что там написано и по какой причине, но и обращать внимание на то, что мы обычно не замечаем.

Те, кто занимается созидательной визуализацией, часто беспокоятся из-за одного положения Евангелия (связанного, впрочем, не с визуализацией, а с молитвой): «А молясь, не говорите лишнего, как язычники, ибо они думают, что в многословии своем будут услышаны; не уподобляйтесь им, ибо знает Отец ваш, в чем вы имеете нужду, прежде вашего прошения у Него» (Мф. 6:7-8)*.

---

* Здесь и далее перевод цитат из Библии дается по изданию: «Библия. Книги Священного Писания, Ветхого и Нового Завета. Издание Московской Патриархии, 1968 г., с Синодального издания 1913 года. — *Примеч. пер.*

В той же главе Евангелия от Матфея есть замечательный эпизод (от стиха 25 и до конца главы) — его можно трактовать как совет избегать беспокойства, если вы молитесь, занимаетесь созидательной визуализацией, делаете что-то ради своего будущего или вовсе ничего не делаете. Прежде чем решиться на что-то, необходимо в это поверить, или, если вы еще не можете поверить, не принимайте решения: иными словами, спокойно и непредвзято ждите того, что принесет будущее. А беспокойство оказывает крайне губительное воздействие, причем не только на вашу хрупкую проекцию в астральном плане, но и на ваше физическое тело: вашу энергию, сон, пищеварение и нервную систему. Поэтому лучше ничего не предпринимать, чем беспокоиться, хотя, вероятно, не так уж сложно принять здравое решение о том, чтобы устроить свое будущее (а созидательная визуализация является самой подходящей для этого формой умственной деятельности).

Но давайте вернемся к Евангелию от Матфея. Сам Матфей был мытарем — он собирал пошлины (Мф. 9:9), вероятно, поэтому он придавал большое значение денежным вопросам, собирая всевозможные поучения на эту тему. Как бы то ни было, люди, о которых он повествует в своем Евангелии, выглядят очень естественными, и когда им было что-нибудь нужно, они спрашивали об этом совершенно естественным образом. И Христос, не говоря ни слова, давал людям то, о чем они просили, а просьбы их были связаны, как правило, с вполне земными благами — часто они просили вернуть здоровье себе или кому-то еще.

Так было с прокаженным («Господи, если хочешь, можешь меня очистить», Мф. 8:2), так было с сотником («Господи! Слуга мой лежит в расслаблении и жестоко страдает», Мф. 8:6) и так было с начальником («Дочь моя теперь умирает; но приди, возложи на нее руку Твою, и она будет жива», Мф. 9:18).

Разве эти истории были рассказаны для того, чтобы люди перестали искать избавления от своих жизненных тягот? Разве можно было бы ожидать, что все эти люди смогли бы воздержаться от просьб о помощи?

А если мы обратимся к другим Евангелиям, то увидим, что сам Христос побуждал людей рассказывать о том, что им нужно, даже если нужды их были очевидны. Об этом повествует история слепого Вартимея (Мк. 10:46-52): «Отвечая ему, Иисус спросил: чего ты хочешь от Меня? Слепой сказал Ему: Учитель! Чтобы мне прозреть». Нечто похожее произошло с больным у купальни Вифезды (Ин. 5:6): «Иисус, увидев его лежащего и узнав, что он лежит уже долгое время, говорит ему: хочешь ли быть здоров?».

Все эти случаи должны научить нас тому, что всегда было полезным, начиная с глубокой древности: открыто говорить о своих желаниях.

Есть еще несколько мест из Нового Завета, мимо которых мы никак не можем пройти. Обратите внимания на эти замечательные слова: «Иисус, отвечая, говорит им: имейте веру Божию, ибо истинно говорю вам, если кто скажет горе сей: поднимись и ввергнись в море, и не усомнится в сердце своем, но поверит, что сбудется по словам его, — будет ему, что ни скажет. Потому говорю вам: все, чего ни будете просить в молитве, верьте, что получите — и будет вам» (Мк. 11:22-24). Следующий стих говорит о необходимости молиться о прощении других, чтобы быть прощенным самому, и, вероятно, этот отрывок связан с тем стихом из шестой главы Евангелия от Матфея, который подводит к молитве «Отче наш» и в котором есть слова: «Ты же, когда молишься, войди в комнату твою и, затворив дверь твою, помолись Отцу твоему, Который втайне...» (Мф. 6:6).

Заметьте, здесь не сказано «Отцу твоему, который на небесах». Этот Бог, в которого читателям Библии указано верить, — тот же самый Бог, о котором в Евангелии от Луки сказано: «Ибо вот, Царствие Божие внутри вас есть» (Лк. 17:21). Если перечитать Новый Завет, чтобы полнее осознать эти слова, можно прояснить для себя очень и очень многое.

И наконец, мы подходим к отрывку, который толкует и объясняет слова Евангелия от Матфея (Мф. 6:7-8), — эту историю иногда называют притчей о назойливой вдове.

У этой женщины был соперник, которого она боялась, и от которого, как она была уверена, ее должен был защитить закон. Вдова пошла к судье города, который «Бога не боялся и людей не стыдился». Судья оставил без внимания просьбу вдовы и ничего не хотел делать, но она приходила к нему жаловаться снова и снова, пока наконец судья, не боявшийся ни Бога, ни людей, не пришел в ужас от назойливости вдовы и не выполнил ее просьбу.

После этой притчи Христос сказал: «Слышите, что говорит судья неправедный? Бог ли не защитит избранных Своих, вопиющих к нему день и ночь, хотя и медлит защищать их?» (Лк. 18:6-7).

Этот эпизод противоречит отрывку из Евангелия от Матфея: здесь мы видим не что иное, как веление Христа своим слушателям открыто просить о том, что им нужно, и повторять свои просьбы до тех пор, пока они не получат желаемого. Но как и в случае с эпизодом о «многословии», здесь содержится ясное предостережение против бессмысленных просьб (пусть даже и не многословных) или от умолчания о своих нуждах.

Итак, в действительности Новый Завет поддерживает идею удовлетворения земных нужд при помощи средств и возможностей духа и разума.

Однако многие люди, прибегая к созидательной визуализации, сталкиваются еще с одним ограничением: они с чистой совестью стремятся получить ту или иную вещь, но вот просить деньги кажется им чем-то постыдным. В этом вопросе они разительно похожи на наших далеких предков, испытывавших те же самые чувства в те времена, когда традиционной и уважаемой формой торговли был натуральный обмен, а деньги считались изобретением не только новомодным, но и возможно, богопротивным.

В прошлом, безусловно, подобное было в порядке вещей. Вполне вероятно, что это будет нормой и в будущем, когда в нашей культуре не останется места деньгам. Однако в наше время и в нашей культуре деньги служат узаконенным средством получения всего, что необходимо человеку, — от обеда до участия в семинаре по медитации. Кроме того, есть цели, которые можно достигнуть при помощи созидательной визуализации, — например, купить машину или дом, либо создать семью, — но ради которых прибегать к этому способу будет не слишком мудро, если у человека имеются деньги или возможности для достижения своих целей. (Именно это обстоятельство принимается во внимание при построении «лестницы к успеху», о которой пойдет речь далее.)

Таким образом, за наше отношение к деньгам отвечает скорее мысленный, чем эмоциональный план, хотя мы можем перевести это отношение и в эмоциональную сферу (впрочем, не столько ради себя самих, сколько из-за того, чего мы могли бы добиться с помощью денег). Однако во избежание внутреннего конфликта вам следует убедиться в том, что само представление о деньгах не вызывает даже бессознательного отвращения у вашей инстинктивно-эмоциональной природы. В вас не должно остаться места мысли о том, что просить денег «не в порядке вещей», или усвоенному в детстве правилу «обсуждать денежные вопросы некрасиво», в силу которого деньги каким-то непостижимым образом переводятся в ту же категорию, что и деятельность органов и систем нашего организма.

Но ведь в «организме» любого государства или организованного общества деньги имеют свою, вполне определенную функцию, слишком весомую для того, чтобы можно было не придавать ей серьезного значения. Мы не погрешим против истины, если приведем здесь одно очень точное сравнение: в общественном «организме» деньги являются «кровью». Они обеспечивают жизненной силой различные виды деятельности, стимулируют их рост, делают возможным материальный прогресс и духовное развитие, и поэтому жизнь общественного организма напрямую зависит от их циркуляции.

Словом, для обеспечения жизни и полезной обществу деятельности человека деньги необходимы не в меньшей степени, чем кровь, поступающая в его конечности. Как-то одного молодого человека, который заинтересовался глубокими жизненными вопросами, спросили о его профессии, и он, смутившись, ответил: «Я страховой агент — занимаюсь пенсионным страхованием, детскими образовательными страховками и всем прочим». Тогда ему сказали, что ему нечего стесняться: ведь он помогал людям с надеждой смотреть в будущее, поддерживал жизнь пожилых людей и детей, благодаря чему они получали возможность жить в надлежащих условиях.

Одна из главных ошибок, связанных с деньгами, состоит в том, что люди копят свои деньги, не давая им действовать на благо других людей. (Конечно, мы не имеем в виду накопления, которые делаются с какой-то определенной целью.)

Что касается приобретений на «низших» планах, то здесь не кроется серьезной угрозы: деньги, полученные в материальном мире, не столько «получены», сколько «обменяны», в то время как все, что получено воздействием на астральный план, как мы уже говорили, является преходящим. Однако все, что получено воздействием на более высокие уровни (а прочитав эту книгу, вы сможете распоряжаться любым способом такого воздействия), очень важно пускать в дело.

Подобно тому, как каждая часть вашего тела действует в рамках общего «плана», выполняемого всем организмом, точно также и вы сами являетесь частью всеобщего космического плана. А ведь вы едва ли сможете стать здоровее, если решите, что кровь, находящуюся в той или иной конечности, необходимо «запереть» в ней при помощи жгута, чтобы она «не тратилась». (Конечно, речь не идет о серьезных травмах, но и тогда ток крови останавливается лишь на короткое время.) В этом случае вашей конечности грозят непоправимые последствия, она будет обречена на гибель.

Так что если вы не будете пользоваться тем, что приобрели, вы в буквальном смысле «отключите» себя от всеобщего целого, и перестанете быть частью всеобщей жизни. Поэтому следует мудро использовать все, что вы обретете, не отделяться от всеобщего движения.

Об этических вопросах денежного обращения можно написать толстую книгу. Нам же нужно рассмотреть основополагающие принципы этой этики, чтобы убедиться в том, что в нашей культуре, какой она стала, складываясь в течение столетий, неправильное использование денег (как и всех остальных земных богатств) сродни неправильному использованию любой вещи, которая по своей сути является благом. И прав был Джон Уэсли (1703—1791), человек великой духовности, а также большого практического здравомыслия, когда в ответ на просьбу своих последователей дать им самый главный совет о том, как обращаться с деньгами, он коротко ответил: «Возьми все, что можешь. Отдай все, что можешь».

Теперь давайте отложим денежные дела в сторону и задумаемся о том, как этот принцип, выраженный крайне лаконично, можно применить и ко всему тому, что питает и поддерживает нашу жизнь: к физической силе, целительству, внутренним озарениям, самовыражению через искусство, знанию, мудрости, наставничеству и руководству. Для того чтобы «отдавать» все эти блага, существует огромное количество путей и способов. Но при любом из них необходимо оставлять что-то и для себя, чтобы иметь возможность отдавать, и чтобы так или иначе оставаться частью всеобщего движения. Кроме того, нам нужно и дальше черпать эти богатства при помощи «каналов», ведущих на высшие планы.

Конечно, вам не нужно «отдавать» себя во всех тех областях, которые были упомянуты выше: даже не посвящая себя ни одной из них, можно оставаться частью всеобщего движения. Представьте себе, какую большую пользу люди получают, просто повстречавшись с человеком, излучающим жизненную силу, уверенность в себе, оптимизм и дружелюбие. Этим человеком может быть врач, билетер, студент — словом, любой, кто «задает тон» на целый день огромному множеству людей. (Однако излучать таким образом жизненную силу можно лишь тогда, когда ее имеется в избытке. Если вы не создаете препятствий для того, чтобы ваша энергия излучалась естественным образом, тогда вы сможете стать именно таким человеком.)

Обретение изобилия и непрерывное поступление энергии с высших планов поможет вам в достижении тех целей, которые вы сможете визуализировать без всякого труда, — но не только в этом. Подумайте о той пользе, которую работа с высшими планами принесет вашей духовной жизни и эмоциональной сфере, а также вашему физическому существованию. Подумайте о той пользе, которую вы принесете своему здоровью.

Многие люди так привыкли жить (в состоянии относительно хорошего здоровья), что до тех пор, пока они не распознают громадные возможности созидательной визуализации, им и в голову не приходит, что потребность в крепком здоровье находится у них на одном из первых мест. Поэтому на занятиях визуализацией (да и в любое другое время) целенаправленно создавайте мысленный образ самого себя в виде здорового, сильного, уверенного в себе, уравновешенного, привлекательного, сияющего человека.

Но каким образом этого можно добиться? Для этого существует множество способов. Мы познакомим вас с одним из них; он проверен временем и очень эффективен, — вы можете ввести его в свою программу созидательной визуализации.

Что мы называем «высшими планами»? Рано или поздно вы должны будете представить себе один из этих высших планов или уровней, который и порождает все то, что вы получаете. Люди обозначают эти уровни различными именами, вкладывая в них все многообразие смысловых оттенков:

Бог

Божественное пламя внутри меня

Моя высшая сущность
Мой божественный друг (возлюбленный)
Мой ангел-хранитель.

Если вы владеете Каббалой, йогой или какой-либо иной духовной мудростью, то возможно, у вас уже есть свое излюбленное имя или понятие для обозначения высшего плана. Если же такого наименования у вас нет, или вы колеблетесь с выбором, то лучше всего остановиться на названии «высшая сущность».

Не стоит путать эту высшую сущность с вашими низшими сущностями, хотя в рамках вашего существа они и образуют единство. Не будет преувеличением назвать ее искрой пламени божественного разума, вечной гармонией и единством этого разума. Вместе с тем, вам никогда не следует тешить себя надеждой на то, чтобы миллионы людей или даже силы целых галактик заботились о вас.

Вы и ваша судьба важны и незаменимы — важны и незаменимы прежде всего для своей высшей сущности. Что же касается саморазвития, то оно ни в коем случае не является разновидностью спорта. Продвигаясь вперед, вы не в коем случае не ущемляете интересов других — как раз наоборот.

Но где же находится этот высший источник благ? Учитывая, что мы имеем дело с духовной, а не с материальной реальностью, уместнее будет спросить, в чем мы могли бы увидеть его присутствие?

Если вы имеете в виду Бога, то первым, что придет вам в голову: «там, наверху». А если вы представляете себе божественное пламя, то вашим побуждением будет ответить: «где-то внутри меня». А если вам ближе «высшая сущность», то могут подойти оба ответа, — и оба они будут верны. Вместе с тем, ни один из них не будет до конца правильным, хотя ответ «наверху» и ответ «внутри», по крайней мере, помогут вам где-то «разместить» эту высшую реальность.

Теперь станьте прямо: ступни вместе, руки висят свободно. Приступайте к ритмичному дыханию.

Вообразите себе яркий белый свет, сверкающий и пульсирующий, бьющий из самых недр вашего существа, из вашей души, — этот свет, ощутимый и неосязаемый одновременно, переполняет вас, струясь из каждой клетки вашей кожи; он распространяется вокруг, во всех направлениях, окружая вас эллипсом или шаром, состоящим из живой, сияющей белизны.

Постарайтесь ощутить этот свет не только как сильное и всепроникающее сияние, но и как поток пульсирующего тепла, подобного яркому и благотворному солнечному свету. Мир, счастье и неколебимая уверенность наполняют вашу душу, окружают вас со всех сторон, по мере того, как свет и тепло наполняют и обволакивают вас.

Несмотря на то, что свет пронизывает вас, окружая со всех сторон, вы можете сосредоточиться на какой-то определенной части своего тела. Постарайтесь увидеть, как свет проникает в ваши конечности, сверкая на них и обновляя ваше тело; почувствуйте, как он согревает и очищает ту часть тела, которая вас беспокоит. Все это время продолжайте дышать ритмично. Ощутите, как этот свет действует на вас, успокаивает и заряжает энергией: от кончиков пальцев до самых глубин вашей души. Спустя некоторое время, когда созерцание света совершенно успокоит вас, позвольте ему постепенно покинуть ваше сознание. Из следующих глав книги вы узнаете, как совмещать наполнение себя светом высшей сущности с самыми действенными техниками созидательной визуализации. Тем не менее, метод, о котором мы только что рассказали, сам по себе должен играть важную роль в вашей жизни. С его помощью вы сможете ощутить и, хотя бы отчасти, осознать, насколько благотворно воздействует на вас высшая сущность. Старайтесь вызывать в себе это ощущение так часто, как только возможно; делайте его как можно более интенсивным, и попытайтесь осознать, что живете и действуйте внутри этого света.

ВЫВОДЫ

Продолжайте занятия простой визуализацией. (Смотрите раздел «Выводы» третьей главы.)

Продолжайте заниматься созидательной релаксацией.

Используйте любую возможность для внедрения в свою жизнь ритмичного дыхания.

Вы можете и не осознавать все четыре уровня своего существования, однако следует постараться определить для себя, какую роль каждый из них играет в вашей жизни. Время от времени старайтесь развить свои представления об этом, поскольку ваше восприятие этих четырех уровней, по всей вероятности, будет развиваться.

Постарайтесь ощутить в себе всепроникающий свет высшей сущности так, как это описано в конце главы, выбрав тот из двух вариантов, который подходит вам наилучшим образом. Упражняясь в этом ежедневно, участвуйте во «всеобщем движении жизни», — это будет полезно и вам, и окружающим.

Если положения Нового Завета играют в вашей жизни важную роль, прочтите все четыре Евангелия (это особенно важно) и Деяния апостолов; подмечайте, как часто в этих книгах людям открыто предоставляется возможность улучшить свою земную жизнь с помощью божественной силы. Отметьте особо понравившиеся вам тексты.

Глава пятая

ДУХОВНОЕ ИЗОБИЛИЕ

Краткое содержание

1. Все, что вы получаете, приходит к вам от высшей сущности:

А. Сила высшей сущности пронизывает и сознательные, и бессознательные слои человеческой психики.

Б. Необходимые вам действия происходят на соответствующих уровнях Вселенной.

2. Не пытайтесь отыскать источник того, чего вы желаете, в материальном мире:

А. Поскольку настоящий источник благ имеет духовную природу;

Б. Поскольку то, что покажется таким источником в материальном мире, может на самом деле им не являться.

3. Нельзя «перегружать» эмоциональную сферу ложными желаниями:

А. Ложные желания похищают время, энергию, внимание и сосредоточенность.

Б. Ложные желания отнимают часть силы и решимости, необходимые вам для достижения главной цели.

В. Ложные желания губительно сказываются на терпении.

4. Занимаясь созидательной визуализацией, никогда не предлагайте возмещение за то, что просите:

А. Просто надейтесь получить желаемое из изобилия Вселенной.

Б. Получение желаемого посредством той или иной «сделки» ограничивает возможности занятий визуализации, не доводя их до плана высшей сущности.

В. Будьте уверены в том, что ваши желания непременно сбудутся. Любое самоограничение (страх, беспокойство, сомнения в том, что вы достойны своей цели) закрывает вам путь к высшей сущности.

Откуда берется все то, что мы получаем посредством созидательной визуализации?

На материальном уровне каждая вещь имеет свое определенное происхождение, однако в созидательной визуализации вам можно не задумываться ни о каком другом источнике всех этих благ, кроме духовного (да и лучше этого не делать). А если вы будете знать тот истинный источник, который несет в вашу жизнь эти блага, это упростит ваши занятия и, следовательно, повысит их эффективность. Мы уже говорили о том, что этот источник каждый может определить и назвать по-разному, чтобы как-то обозначить то высшее существо, с которым у него существуют самые непосредственные и глубокие отношения.

В этой книге мы будем для краткости обобщенно называть его «высшей сущностью».

Что бы вы ни решили сделать объектом визуализации, — материальный объект или духовную ценность, — следует со всей уверенностью представлять себе, что вы получите желаемое именно из этого духовного источника.

События развиваются так: энергия этого источника, проникая сквозь сознательные и бессознательные слои вашей психики, вызывает на соответствующих уровнях Вселенной определенные действия, цель которых — обеспечить получение вами на материальном уровне того, что вы визуализировали. Поэтому можете с полной уверенностью считать, что все, что вы «вообразили» себе, принадлежит вам по праву.

Оно принадлежит вам и с точки зрения астрального плана, поскольку вы поместили в этот план образ желаемого, а также с точки зрения мысленного и духовного планов, поскольку вы вызвали в них определенные действия посредством своих духовных и интеллектуальных усилий для материального воплощения астрального образа.

Если вы читали другие руководства по визуализации, то, вероятно, встречали в них предостережения от попыток отыскать источник того, что вы пожелали, в материальном мире, однако в таких изданиях редко объясняют, почему этого не следует делать. Мы назовем две причины, и обе они весьма весомы.

Первая причина того, почему не следует пытаться найти источник благ в материальном мире, заключается в том, что эти поиски способны дать вам искаженное восприятие духовного источника благ или вовсе лишить вас веры в него. Вторая причина: за материальный источник того, что вам нужно, вы можете по ошибке принять то, что им не является, и в результате исполнение вашего желания будет отложено и вы потратите впустую время и силы.

Некоторое время назад один лондонский ученый-самоучка развивал традиционную алхимию в собственном, новом направлении. Он обнаружил ключ к писаниям одного непонятого средневекового философа, но как бы тщательно он ни рылся на своих книжных полках и в каталогах различных библиотек, он не мог найти сведений, необходимых для продолжения исследований. Каждый библиотекарь, с которым заговаривал ученый, смотрел на него такими глазами, будто тот только что свалился с Луны. И тогда ученый решил прибегнуть к созидательной визуализации.

Ему требовались сведения об этом средневековом философе, он хотел получить то, что составляло главный его интерес, — книгу этого философа.

Через несколько дней после того, как он приступил к занятиям созидательной визуализацией, один из библиотекарей, с которым он поддерживал связь, прислал ему проспект от европейского издателя, где сообщалось о переиздании древнего фолианта — одной из крупнейших работ того самого философа. С этим проспектом ученый отправился в магазин, где продавец разузнал для него стоимость книги: это была внушительная сумма, однако ученый согласился внести задаток и оформил заказ.

Когда через несколько месяцев книга пришла, ученый, к своему огорчению, обнаружил, что издание было настолько сокращенным, что едва ли могло заменить собой оригинал, не говоря уже о том, что латынь философа с трудом понимали даже специалисты, а с той латынью, которую когда-то учил наш герой, она и вовсе не имела ничего общего.

Из этого случая ясно одно: созидательная визуализация обеспечила ученому именно то, о чем он просил.

Тогда ученый переформулировал свою просьбу, в результате чего она стала звучать так: «Я хочу ознакомиться с трудами такого-то философа».

Спустя некоторое время, прогуливаясь по обыкновению вдоль реки, ученый разговорился с молодым человеком, который, по всей видимости, имел склонность к весьма необычным предметам. К удивлению обоих собеседников, между ними завязалась беседа о картах Таро, которыми они оба интересовались. В одном кафе, которое было уже открыто, они позавтракали, и там выяснилось, что молодой человек, живший неподалеку от Лондона, находится в весьма стесненных денежных обстоятельствах и совершенно не знает, что ему делать. Ученый посоветовал ему написать отцу и занять у него денег, а до тех пор, пока не придет ответ, который разрешит денежные затруднения, воспользоваться его гостеприимством. Незнакомый молодой человек согласился и спросил, чем он может отблагодарить своего благодетеля.

Прежде, чем ученый успел обдумать это предложение, его язык сам собой произнес: «Я хочу познакомиться с трудами такого-то философа».

На этот раз просьба ученого была встречена совершенно спокойно. «Почему бы и нет, — ответил молодой человек. — Я знаю, кто может вам помочь: мой школьный учитель является одним из крупнейших в мире специалистов по этому философу. Он терпеть не может шума и суеты вокруг своего имени, но если я напишу ему, он, вероятно, согласиться помочь вам».

Так все устроилось, и ученый не только получил необходимые ему сведения, но и научился академическому способу усвоения и организации знаний, а кроме того, смог проникнуть в области знаний, тесно связанные с алхимией (поскольку старый учитель был буквально очарован свежим взглядом ученого на свою любимую тему). Что же касается купленной им книги, то он пожертвовал ее колледжу, в котором преподавал учитель: там были очень рады столь редкой книге, несмотря на то, что прочесть ее никто не мог.

Из этой истории можно сделать вывод: нужно точно формулировать свои желания и отказаться от попыток получить то, что вам требуется, из материального источника. Однако этот случай содержит в себе еще один урок. Как и во множестве других историй об успехе созидательной визуализации (а таких историй можно привести огромное множество), персонажи и обстоятельства носят универсальный характер. Любой из таких случаев мог иметь место и в наше время, и давным-давно, а пол, возраст и происхождение героев не играют никакой роли: в этом случае людям удалось проникнуть в мир золотистого света, подобрав правильные слова и действуя в нужном направлении. Может быть, и в вашей жизни были такие моменты, когда вы чувствовали, что просто «обречены на успех».

Подобные случаи всегда предполагают наличие связи между человеческим разумом и высшим уровнем бытия, — в этих обстоятельствах люди действуют уверенно, а силу и энергию своих действий они черпают из высшей сущности. Конечно, в некоторых случаях, действуя таким образом, вы даже не будете подозревать об этом, по крайней мере до тех пор, пока спустя некоторое время не рассмотрите всю ситуацию более пристально. Когда же вы черпаете эту силу совершенно осознанно, это многократно увеличивает ваши возможности.

Впрочем, если однажды вы познали ощущение своей непосредственной связи с высшей сущностью и убедились, что ни с чем его не перепутали, вы едва ли впадете в подобные ошибки, описанные выше.

Однако если в ходе занятий созидательной визуализацией вы еще не развили у себя подобное ощущение, ритмичное дыхание и созидательная релаксация станут вам огромным подспорьем; они наполнят вас решимостью и терпением, помогая сохранять сосредоточенность.

Выше мы уже предостерегали вас от одной ошибки: не следует принимать нервное напряжение за признак высокого эмоционального накала занятий. Нервное напряжение не только губительно для решимости, сосредоточенности и терпения, которые вам необходимы, — оно ставит под угрозу саму уверенность в успешности занятий. Вам уже известно, что образ цели необходимо поместить в астральный план и пронзить его светом духовной реальности, чтобы этот образ воплотился в материальном мире. Напряжение естественным образом предшествует действию, однако занимаясь, вы уже действуете, — так есть ли смысл в напряжении, которое будет только мешать результатам? Ваше желание должно быть сильным, но вот «желать нервами» не следует.

Нарастающее, затянувшееся напряжение свидетельствует о страхе, расстройстве и тревоге. Избавьтесь от напряжения, — дышите ритмично, расслабьтесь и улыбайтесь.

Вот еще одна возможная ошибка, которой следует избегать: иногда люди заполняют свою эмоциональную сферу ложными желаниями. В наши дни такое случается сплошь и рядом, благодаря постоянному воздействию рекламы и так называемого «общественного мнения» (которое, как правило, является «рукотворным продуктом»), пытающихся навязывать вам желания и вкусы.

Это не означает, что нужно вовсе не придавать значения рекламным объявлениям. Вдумчивое изучение рекламы способно подсказать, что нового появляется в мире и что мы сами можем предложить другим людям. Реклама также выполняет и «образовательные» функции, причем не только для молодежи, но и для представителей старшего поколения, которые склонны забывать о том, что возможности и стандарты постоянно меняются. Кроме того, реклама во многом играет ту же роль, что и выпуски новостей.

Да и хорошим советом вряд ли стоит пренебрегать. Например, вы утвердились в том, что вам нужны дом и машина, — но что следует приобрести в первую очередь? Где, как и что именно вам следует приобретать? В этом вопросе будет очень полезно прислушаться к мнению других людей, а не только к своему собственному.

Вместе с тем, не следует уподобляться женщине, которая идет на распродажу с целью покупки пальто, а вместо этого возвращается с десятью платьями — все они приобретены «почти даром», вот только пять платьев ей не подходят, а остальные — не нравятся. Точно так же дело обстоит и с желаниями — иногда нам навязывают идеи и потребности, которые нам не нужны или которые нам не нравятся.

Эти ложные желания могут обойтись вам дорого — иногда даже слишком дорого. Они будут стоить вам энергии, сил, внимания, сосредоточенности, а также некоторой доли решимости в следовании принятому решению, — словом, всего того, что необходимо для созидательной визуализации.

Поэтому всегда следует представлять себя счастливым, процветающим, спокойным, здоровым, имеющим успех в обществе — однако, промысливая такую «картинку», включайте в нее лишь те элементы, которые вам строго необходимы на данный момент. Кроме того, как можно чаще думайте о подлинном, духовном источнике благ.

Очень часто на пользу нам идут кризисные ситуации: они помогают отсечь «лишние» желания, указывая нам на то, к чему следует стремиться в первую очередь для преодоления кризиса. Однако именно в таких ситуациях следует всячески избегать беспокойства, сомнения и напряженности. Здесь будет очень уместно привести историю некоей Энни. (Здесь же заметим, что в рассказах о созидательной визуализации, как правило, фигурируют совершенно обычные, «простые» люди, однако это не означает, что визуализация не пригодится и тем, кто уже добился процветания и устойчивого положения в жизни. Очень часто обеспеченные, состоятельные люди желают чего-то, что нельзя купить за деньги. Они тоже могут заниматься созидательной визуализацией (и часто делают это очень успешно) — ведь здесь каждый имеет равные шансы на успех. Однако успехи преуспевающих людей не производят столь яркого впечатления — кроме того, многие из них постоянно пользуются созидательной визуализацией, хотя держат это в строгом секрете. (Именно так и следует поступать — мы располагаем некоторыми подобными фактами, но и нам, в свою очередь, не следует об этом распространяться.)

Но вернемся к нашим «неимущим» — хотя никто из знавших героиню нашего рассказа не назвал бы ее так, да и сама она считала себя вполне обеспеченной. Некоторое время Энни вела жизнь развитой, не слишком занятой незамужней женщины; от своего круга общения она отличалась тем, что ее друзья не решались заново вкладывать свои денежные средства в какие-либо проекты, в то время как Энни было нечего вкладывать. Но и это не слишком тревожило ее: «В моем распоряжении все золото солнца», — обычно говорила она и создавала мысленный образ того, как наше сияющее светило дает ей все, что ей было необходимо (этот метод, конечно, действовал).

Но если в подходе Энни к визуализации и крылась ошибка, то она состояла именно в размытости, неконкретности ее целей. Результаты могли быть прочными и даже ошеломляющими. В один прекрасный день Энни стало известно, что вскоре она лишится квартиры: дом, в котором она жила, обветшал и был назначен под снос.

Энни прибегла к привычному и безотказному средству: «В моем распоряжении все золото солнца». На некоторое время она решила отказаться от всех «побочных» целей для визуализации: дорогих театральных билетов, стиль-

94

ных причесок, отрезов дорогих тканей и всего остального. Во время визуализации она представляла, что уже живет в такой же квартире, как и ее предыдущая, за исключением одной детали, которую она хотела изменить: в старом доме Энни не было лифта, и это не нравилось ей куда больше, чем солидный возраст дома. Ей было бы вполне достаточно квартиры на первом этаже, поэтому она представляла себе именно такую квартиру, которую солнце подносило ей на своих лучах, оканчивающихся руками, словно на древнеегипетских барельефах. Кроме того, она представляла, как будет украшать свою квартиру, поскольку украшение того или иного предмета принадлежащей вам вещью является очень действенным средством предъявления прав на этот предмет.

Через пару недель после того, как Энни приступила к визуализации, подруга сообщила ей, что племянник ее мужа приезжает на учебу, а ее муж присмотрел для него квартиру на первом этаже, на следующих условиях: молодой человек должен был отделать ее и отремонтировать там отопление. Энни сразу же поняла, что это было как раз то, что нужно, хотя понимала, что есть множество других квартир, и решила не становиться на пути у молодого человека.

Однако уже на следующей неделе муж подруги позвонил ей и спросил, не хочет ли она въехать в эту квартиру на тех же условиях. Молодому человеку достаточно было одного взгляда на большие старомодные комнаты с облупившейся и выцветшей краской на стенах, чтобы предпочесть этой квартире студенческое общежитие и общество студентов-сверстников.

Здесь самое время сделать еще одно предостережение.

Если вы занимаетесь созидательной визуализацией, и вдруг на пути встречается предмет ваших желаний, а вы вполне можете заполучить его при помощи денег или труда, то это совершенно в порядке вещей. Если же с вас требуют больше, чем вы можете себе позволить отдать, лучше всего проигнорировать предложение и продолжать занятия визуализацией: это означает, что первый ответ на вашу просьбу не вполне подошел вам. Например, если объектом вашей визуализации является фортепиано, то не исключено, что прежде чем вам встретится «ваш» инструмент, в сферу вашего внимания попадут многочисленные старые и новые фортепиано, дорогие инструменты ценою в несколько тысяч долларов, и даже совершенно бесплатные инструменты, в которых нет струн. Такое вполне возможно. Может случиться и так, что вам подарят вполне достойное фортепиано или предложат купить подходящий инструмент по разумной цене. Оба варианта хороши — а выбор зависит от вас.

Но есть нечто, чего вы не должны делать: занимаясь визуализацией, нельзя предлагать за свою просьбу никакого возмещения, — ни деньгами, ни вещами, ни работой. Пока вы заставляете работать на себя бессознательные уровни психики, ваш разум должен контролировать их, а предлагать им сделки и договоры — значит ослабить этот контроль. Того, что вы просите, следует ожидать лишь от изобилия Вселенной.

То же, что вы хотите отдать, отдавайте легко и не вспоминайте об этом. Только тогда вы ни о чем не будете жалеть.

Кроме того, когда вы занимаетесь той или иной практикой по развитию скрытых способностей (а к ним относится и созидательная визуализация — это метод внутреннего роста с применением скрытых способностей), вы никогда, даже в случайном разговоре, не должны говорить широко распространенные глупости вроде: «Я все бы отдал за это».

Желание осуществить подобную сделку является признаком страха, вызванного тем, что вожделенная вещь может быть предложена лишь в обмен на что-нибудь, однако такое предположение не соответствует истине.

Предлагая подобные сделки, мы лишь ослабляем, а не усиливаем свои позиции. Единственно возможную здесь сильную позицию обеспечивает чувство полной уверенности в том, что вы получите желаемое без всяких возмещений и компромиссов, потому что вы создали четкий его образ и сделали так, что он наполнился энергией высшей сущности.

Другое препятствие, которое люди часто воздвигают между собой и объектом своих желаний, можно назвать «барьером совести»: у человека возникает осознанное или неосознанное представление, будто он ничем не заслужил предмет своей визуализации (или, что еще хуже, он думает, будто недостоин своей цели вследствие тех или иных ошибок прошлого). В таких случаях людям кажется, что они должны чего-то лишить себя или как-то себя наказать.

Это представление о чувстве долга или наказании также противоречит духовным аспектам визуализации.

Дело в том, что вашей духовной сущности безразлично, чего вы заслуживаете, а чего нет.

В материальном мире «метод кнута и пряника» является очень удобным и, как правило, эффективным способом регулирования поведения людей — до известной степени он срабатывает и при воспитании домашних животных. Однако действие этого метода на этом и заканчивается. Конечно, быть совестливым человеком — довольно похвально, однако совесть является частью низшей, а не высшей сущности. В значительной степени совестливость человека обусловлена его воспитанием, а также личным опытом и наблюдениями.

Именно поэтому в огромном большинстве случаев совесть дает такие разные советы своим обладателям. Но совесть — это не «голос Бога», и уж ни в коем случае не следует думать, будто совесть служит еще и для наказания. Подлинным «голосом Бога» внутри вас является то божественное пламя, которое и составляет вашу высшую сущность, — оно способно поднять вас до тех высот, которые вы обозначите сами, и даст вам столько любви, сколько вы сможете принять. И оно ничего не потребует взамен.

Если же вы кого-то в чем-то обидели, то, безусловно, вам следует принести извинения; в зависимости от обстоятельств, возмещение может быть духовного или материального свойства. Но то, что вы сделаете, должно целиком и полностью быть на пользу этому человеку, при этом вы ни в чем не должны ущемлять и обделять самого себя.

Исправляя одну несправедливость другой, вы не сделаете доброго дела.

Поэтому любите себя, прощайте себя и не ограничивайте своей свободы.

Не будет лишним привести здесь слова устава одного религиозного ордена, предназначенного для неофитов, — там о самоосуждении сказано так: «Никогда не следует корить себя и особенно — обвинять себя в гордыне, лени или нечестности». Ведь сущность и жизнь души заключаются в постоянном движении и переменах, — душа не может оставаться неизменной. То же самое можно сказать и о том, что мы считаем добродетелями и достоинствами. Так, если мы привыкли считать кого-то справедливым, то наша оценка потеряет смысл, если сегодня этот человек совершит несправедливый поступок, — но и в этом случае не следует навешивать ярлыков: завтра он может исправить ошибку и поступить справедливо. А мысль тоже является поступком, только на более тонком уровне, и часто она оказывается сильнее поступка.

Самоограничение закрывает нам путь к нашей высшей сущности. Как это ни парадоксально, но именно на ошибочный путь самоограничения встало и христианство, — религия, первоначальная задача которой состояла в непосредственном устранении всего ложного, что сковывало людей. Впрочем, в четвертой главе мы уже приоткрыли завесу над истинными положениями христианства.

Едва ли хоть один человек решится утверждать, что он никогда ничего не боится — особенно это касается ситуаций, когда человек никак не может обрести в материальном мире нечто очень важное. Ведь все мы — люди, и неверно думать, будто можно всегда избегать страха. Однако если в процессе занятий созидательной визуализацией вам удастся победить свой страх, — а так и должно случиться, — то вероятнее всего, вы ощутите, что вновь обретенная вами уверенность будет гораздо более долговечной, чем раньше. Для того чтобы помочь вам в этом, мы хотели бы дать вам один совет: помимо ритмичного дыхания и созидательной релаксации, на помощь вам придет сила песни.

Пойте про себя, пойте вслух, — можно со словами, если это позволяет ситуация, — не для того, чтобы поведать обо всем окружающим, но для того, чтобы самому глубже утвердиться в своей цели. Песня является одним из средств, понятных бессознательным слоям психики, поскольку она обращается к сфере эмоций, с ее помощью мы можем воодушевить свою эмоциональную сферу.

Король Англии Альфред (848—900) был прозван «Великим» не только за то, что был королем и сражался с датчанами. Он переписывался с патриархом Иерусалима и переводил с латыни на староанглийский разнообразные поучительные сочинения; возможно, еще он отправил послов в Индию. Кроме того, он составил две книги устных и письменных изречений, которые были ему особенно близки (одна из этих книг сохранилась). У него был секрет, позволявший стать храбрым, — теперь он известен нам и звучит примерно так:

Если страх проник в тебя,
Не открывай его тем, кто слаб:
В луку седла выдохни его
И с песней езжай дальше.

ВЫВОДЫ

Продолжайте основные упражнения в простой визуализации, релаксации и в ритмичном дыхании.

Продолжайте ощущать всепроникающий свет своей высшей сущности, приобщаясь к всеобщему движению жизни.

Не пытайтесь получить из материального источника то, ради чего вы приступили к созидательной визуализации: всеми силами души настройтесь получить ее из духовного источника.

Избавляйтесь от губительного нервного напряжения — не подменяйте им созидательного эмоционального накала. Ощутив напряжение, дышите ритмично, расслабьтесь и улыбнитесь.

Не разменивайтесь на ложные желания: четко утвердите в сознании свои истинные цели.

Не предлагайте незримому миру сделок и соглашений: берите свободно, а отдавайте без жалости.

Никогда не следует лишать себя чего-либо в качестве наказания. Высшая сущность не наказывает — она лишь дает и любит.

Если вас тревожат какие-либо страхи или сомнения, не позволяйте им овладевать вами. Не придавайте им значения: пойте о своих мечтах и надеждах.

Глава шестая

ЛЕСТНИЦА К УСПЕХУ

Краткое содержание

1. Созидательная визуализация поможет вам планировать свою жизнь.

    А. Удовлетворение той или иной потребности должно продвигать вас вперед, к достижению своих целей.

    Б. План-«лестница» облегчит вам достижение целей.

    В. Кроме того, этот план поможет вам получить дополнительные выгоды и преимущества без ущерба для своей основной цели, к которой он ведет вас.

2. Подготовительная работа к каждой новой программе созидательной визуализации должна выглядеть следующим образом:

    А. Как можно чаще создавайте позитивные зрительные образы; представляйте себе, как вы с удовольствием пользуетесь тем, что рассчитываете получить.

    Б. Созидательная релаксация — ключ к здоровью. Следует избавляться от любого беспокойства, которое будет подстерегать вас в начале очередной программы визуализации.

    В. Ритмичное дыхание должно стать для вас привычным и незаметным. Приспосабливайте ритм своей деятельности к ритму дыхания.

    Г. Используйте метод простой визуализации (глава третья): начинайте с него работу над новой программой визуализации. Впоследствии его должна заменить «Техника зарядки цели» (она будет описана ниже).

Д. Пойте о своей цели.

Е. Ощущайте свет высшей сущности (глава четвертая).

3. Техника зарядки цели:

А. Сядьте удобно и прочно; спину держите прямо.

Б. Расслабьтесь.

В. Дышите ритмично.

Г. Представьте себе цель, к которой стремитесь, внутри белого круга.

Д. Наполните себя светом высшей сущности.

Увидьте, как ваша цель наполняется этим светом, в то время как ваше собственное излучение становится тусклее.

Ж. Зарядите свою цель соответствующими словами.

3. Теперь заряженный образ должен постепенно истаять, исчезая из вашего мысленного взора.

4. Главный метод созидательной визуализации является сочетанием упражнений Подготовительного этапа с Техникой зарядки цели. Действие Главного метода можно усилить при помощи следующих средств:

А. Зажигание свечи и работа с планетарными сферами — это делается для связи с низшими слоями психики.

Б. Для создания более благоприятных условий Технику зарядки цели можно использовать в сочетании с несложными методами гадания, которые будут не предсказывать, но создавать будущее.

Помимо огромных непосредственных выгод, созидательная визуализация может принести вам и такие преимущества, на которые вы не рассчитывали. (Это характерно для любой практики по развитию внутренних способностей — если вы подойдете к ней правильно, следуя нашим советам, то сможете развить не только какую-то одну способность, но и сделаете большой шаг вперед в общем развитии.)

Одним из таких «побочных эффектов» созидательной визуализации является возможность плодотворно планировать свою жизнь.

Подобно тому, как ежедневные занятия визуализацией помогут вам удовлетворить ту или иную потребность, они будут способствовать вам в продвижении в направлении своих главных жизненных целей.

Возможно, в определенные моменты вы не сможете планировать свою жизнь, чем на один-два шага вперед; лучше всего, чтобы ваши планы были достаточно гибкими и оставляли бы простор для улучшения вашей жизни, а также для внутреннего развития. Однако возможность выбирать новые цели, достигнув прежних посредством визуализации, поможет вам строить совершенно индивидуальные жизненные планы.

Планировать жизнь — все равно, что строить лестницу: пролет состоит из отдельных блоков, и каждый следующий пролет поднимает вас еще немного вверх, к вашей главной цели.

В качестве примера можно рассмотреть «лестницы» двух мужчин, являющиеся вариациями довольно распространенной схемы.

Эти примеры не означают, что созидательной визуализацией следует заниматься только для утилитарных целей. Примеры, которые мы рассмотрели выше, довольно строги и практичны, поскольку от них требовалось лишь продемонстрировать самую общую схему, в которой все этапы

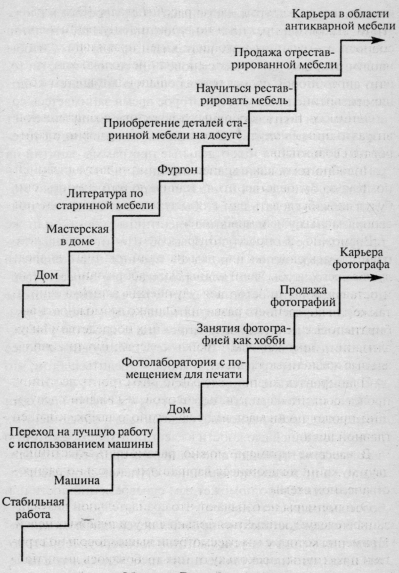

Карьера в области
антикварной мебели

Продажа отрестав-
рированной мебели

Научиться реставр-
рировать мебель

Приобретение деталей ста-
ринной мебели на досуге

Фургон

Литература по
старинной мебели

Мастерская
в доме

Дом

Карьера
фотографа

Продажа
фотографий

Занятия фотогра-
фией как хобби

Фотолаборатория с по-
мещением для печати

Дом

Переход на лучшую работу
с использованием машины

Машина

Стабильная
работа

Образцы «Лестницы к успеху»

связаны друг с другом и развиваются от простого к сложному. Например, мы не стали упоминать ни то, что автор первой схемы применял визуализацию для того, чтобы получить лодку для своих сыновей (он ее получил), ни то, что автор второй схемы мечтал еще и о домашнем кинопроекторе. Если вы уже некоторое время занимаетесь созидательной визуализацией, то подобные вещи вам будет гораздо проще купить, чем удлинять ими лестницу к успеху или строить для них отдельные программы занятий на ранних этапах освоения визуализации.

Какую бы цель вы ни визуализировали в данный момент, можно сделать так, чтобы эта цель стала для вас подспорьем на пути к вершине «лестницы успеха», или же превратить ее в символ, который объединит всю «лестницу» в единое целое и поможет прочнее зафиксировать цель в сознании. Это также поможет вам обрести твердость в принятии решений, если вдруг на вашем подъеме замаячит какая-либо альтернативная цель. Вместе с тем, не следует слепо придерживаться раз и навсегда утвержденной линии развития. Вы можете обнаружить и более удачные или быстрые пути, главное — убедиться в том, что они действительно приведут вас к цели.

Здесь нам хотелось бы особо отметить следующее: если вы наметили себе несколько важных задач, объединенных по возрастающей сложности в «лестницу успеха», которую вы намерены пройти при помощи ряда программ визуализации, то прохождение «низших» ступеней этой «лестницы» действительно поможет вам своевременно достичь и более высоких ступеней.

Феномен достижения крупных целей при помощи достижения малых уже успел войти в поговорку: не зря говорят о том, что ничто так не приводит к успеху, как сам успех.

В Евангелии от Матфея (Мф. 25:14-30) также есть притча о талантах, трудности обладания которыми недвусмысленно подытожены в двадцать девятом стихе: «Ибо всякому имеющему дастся и приумножится, а у неимеющего отнимется и то, что имеет». (Впрочем, всегда следует помнить, что суровые поучения Библии, наподобие процитированного или ветхозаветной фразы о том, что за грехи отцов нельзя взыскивать с детей, являются не божественными откровениями, а тонкими жизненными наблюдениями, и в качестве таковых их едва ли можно опровергнуть. Однако и в этом случае ими можно руководствоваться в жизни, если проявить настойчивость, и вникнуть в истинный смысл этих высказываний).

Ниже мы откроем вам две причины, по которым в процессе занятий визуализацией успехи будут нарастать как снежный ком. Пока же вам необходимо запомнить следующее:

1. Ваша уверенность в пользе созидательной визуализации будет нарастать по мере того, как вы станете получать от нее ощутимую выгоду. Что касается негативных образов, порожденных прежними ошибками, то сила вашего воображения вкупе с действием бессознательных слоев психики смогут избавить вас от них.

2. Тем самым вы станете смелее и щедрее: не только в смысле того, что будете делиться тем, что имеете, но и в воображении, в надеждах и суждениях, да и во всех остальных проявлениях своей внутренней жизни. Ведь своими скудными надеждами, ограниченным кругозором и ложными суждениями люди часто обязаны именно страхам, хотя на первый взгляд между ними трудно обнаружить прямую связь. Поэтому сломайте скорлупу,

в которой прячетесь, и подставьте лицо потоку солнечных лучей!

3. Вы будете излучать уверенность в успехе, и это окажет воздействие на окружающих. До тех пор, пока вы не начнете объяснять людям причины своего успеха или не вызовете у них ревность или обиду, они будут охотно помогать вам, еще больше способствуя вашим успехам. Ведь именно о таких успехах мечтают они, а мечтая, люди будут применять созидательную визуализацию, увеличивая ваши успехи (хотя они сами об этом не догадаются). Истории, герои которых достигают успеха, нравятся всем — по крайней мере, до тех пор, пока люди могут видеть самих себя на месте героя или героини подобных историй.

4. И подобное поведение будет совершенно обоснованным. Ведь вы помогаете им, как когда-то помогали им в детстве старинные сказки (например, о младшем из трех братьев, которому повезло больше остальных, или о бедной девушке, вышедшей замуж за принца). Мифы, легенды и сказки помогают людям еще больше, когда они видят, что любимые сюжеты сбываются в жизни. Таким образом, когда окружающие видят, как вы черпаете от изобилия высших планов Вселенной, и могут представить на вашем месте самих себя, они подсознательно готовятся к тому, чтобы начать желать такого же изобилия и для себя. Словом, глядя на вас, люди, — сознательно или нет, — начинают с пользой для себя практиковать созидательную визуализацию. (Вы, вероятно, помните, что в начале книги мы показывали, как самые разные люди осознанно или неосознанно прибегают к созидательной визуализации. Одни из них визуализируют свои желания на благо себе, в то время как другие делают это себе во

вред, поскольку визуализируют образы того, что они не хотят или боятся.)

5. Помогать окружающим с пользой применять созидательную визуализацию — это очень хорошо, однако и этим полезный эффект вашей визуализации не ограничивается. Люди, на которых вы повлияли, приобщившись к потоку благ Вселенной, тоже станут более открытыми в своем отношении к жизни; они станут щедрее к себе и окружающим, распространяя материальные и духовные блага. (Опять-таки, не следует забывать, что и материальные, и духовные блага являются лишь разновидностями энергии.) Таким образом, вы сделаете жизнь более счастливой для всех, — и для себя в том числе.

Теперь давайте вернемся к тем аспектам созидательной визуализации, с которыми вам придется иметь дело в ходе практических занятий.

К настоящему моменту вы уже должны были создать астральную проекцию своей цели и работать с ней на протяжении предыдущих глав. Если визуализация для вас еще внове, то рекомендуем действовать в точности так, как мы советуем, однако если у вас уже имеется успешный опыт занятиями визуализацией, и вы хотели бы приступить к занятиям над новой целью, то вы сами вправе решать, какие из наших советов и рекомендаций пускать в дело.

Каждая новая программа созидательной визуализации должна начинаться с фазы создания простых мысленных образов. Опыт не играет здесь никакой роли, — не следует пропускать этот важный первоначальный этап, призванный создать у вас эмоциональную мотивацию к цели. Вам нужно представить себе, как вы получаете радость от обладания тем, что вы задумали визуализировать. Создавать такие образы лучше всего непосредственно перед сном, после обеда или горячей ванны (выберите то, что вам больше по душе); ваши образы должны быть очень отчетливыми, даже если за плечами у вас уже девяносто девять успешных визуализаций.

В простой визуализации вам поможет упражнение на созидательную релаксацию. В конце этой книги вы найдете несколько программ занятий, составленных на его основе, и до тех пор, пока вы не выберете себе одну из них, частота занятий созидательной релаксацией может оставаться произвольной. Вместе с тем, мы в высшей степени рекомендуем прибегать к ней для устранения тревоги, которая подчас возникает на начальном этапе визуализации.

Вероятно, мы уже немало рассказали и о ритмичном дыхании, чтобы вы смогли осознать всю его пользу, не зависящую от той или иной программы занятий. Так или иначе, эта техника окажется для вас незаменимой для будущего прогресса на поприще визуализации.

Техника простой визуализации, описанная в третьей главе, является еще одним подготовительным этапом, через который должна проходить каждая программа. Теперь же мы познакомим вас с «Техникой зарядки цели», которая, по мере ее освоения, будет неизменно следовать в ваших занятиях за простой визуализацией. Но как и в случае с созданием образов, ничто не помешает вам время от времени прибегать к простой визуализации как к средству усиления мотивации или как к дополнительной нагрузке в занятиях.

Что касается песен о вашей цели, то их можно петь в любое время, в начале или в конце программы визуализации, лучше даже петь не переставая. Петь, декламировать, напевать, мурлыкать себе под нос, бормотать или мысленно пропевать слова песни о своих желаниях, когда для этого представится случай, будет очень полезно для программы, да и для вас лично. Мы затронули эту тему лишь в третьей главе потому, что в первой и второй главах и без того набралось много важного материала.

Начинающие обязательно должны выполнять упражнение на ощущение света внутренней сущности в качестве подготовительного этапа к «Технике зарядки цели», о которой пойдет речь далее (поскольку эта техника основана на нем). Мы не хотим сказать, что это упражнение не следует выполнять само по себе, коль скоро оно является составной частью этой техники: вы можете (а мы очень рекомендуем это) выполнять его в любое время для обретения внутреннего мира, ради духовного обновления. (То, что с этого момента мы будем называть упражнениями подготовительного этапа, есть не что иное, как все упражнения, которые вы выполняли, готовясь к программе созидательной визуализации.)

Техника зарядки цели

Итак, цель, ради которой вы приступили к созидательной визуализации, уже прошла путь от первого мысленного образа до четко оформившегося представления с определенными задачами. Теперь проекция вашей цели должна стать частью вашей «лестницы», ведущей к успеху в делах, в оздоровлении организма или в развлечениях.

Сядьте, спину держите прямой, поставив ноги рядом и положив руки на бедра. Закройте глаза.

Расслабьтесь, но так, чтобы ваша спина оставалась прямой, а посадка — устойчивой.

Начните ритмично дышать; поддерживайте ритм дыхания.

Создайте мысленный образ своей цели.

Теперь вам обязательно нужно наполнить этот образ силой высшей сущности, — это является важнейшим условием для получения в материальном мире ощутимых и длительных результатов визуализации.

1. Представьте себе свою цель внутри белого круга. (Не слишком яркого или сверкающего — такого, будто он нарисован мелом или краской; образ вашей цели должен умещаться в нем целиком, будь то один или несколько предметов, какая-либо сцена, ваш собственный образ или образ другого человека.)

2. Теперь вы должны наполнить себя светом высшей сущности (тем из двух способов, описанных в конце четвертой главы, который вы предпочли). Ощутите его как белое сияние, излучающее тепло, которое проникает в вас и окутывает. Сначала это может показаться непростой задачей, так как, представив себе свет, можно «потерять» мысленный образ цели, но чем больше внимания вы уделите наполнению себя светом, тем больше вы преуспеете в поставленной задаче. Для того чтобы ощутить, как свет наполняет вас, не нужно пытаться «разглядеть» сам свет и обращать на него больше внимания, чем на то, как если бы кто-то включил лампу в той комнате, где вы находитесь.

Наполнив себя светом высшей сущности, перенесите этот свет на мысленный образ цели. Для того, чтобы сделать это, попытайтесь немного «отстраниться» от созданного образа, так, чтобы между ним и вами возникло бы некоторое расстояние, — образ должен, так сказать, повиснуть в воздухе. Сначала это отстранение может выражаться в движении тела, но вскоре вы научитесь делать это и мысленно. Почувствуйте, как образ вашей цели становится все более ярким, в то время как излучение света, исходящее от вас, должно становиться слабее. Образ, который нужно представлять себе с прежней отчетливостью, начинает излучать пульсирующий свет, но его сияние не выходит за пределы белого круга, внутри которого вы визуализировали образ. (Вам нужно зарядить только образ, который вы визуализировали, и ничего больше.) В этот момент вам следует сказать:

Я заряжаю этот образ светом своей высшей сущности, чтобы он воплотился для меня в материальном мире.

В течение некоторого времени сохраняйте картинку наполненного светом образа внутри белого круга. (Образ должен сохраняться на протяжении еще нескольких ритмичных дыхательных движений; позже вам предстоит убедиться в том, что большего эффекта в управлении образами можно добиться при помощи концентрации внимания.) Затем позвольте этому образу постепенно раствориться.

После того, как образ совершенно исчезнет, дышите ритмично еще некоторое время, а затем осторожно верните свое сознание к окружающей вас действительности.

Описанная выше техника является самым эффективным способом воплощения в материальном мире мысленного образа. Постарайтесь сделать все возможное, чтобы проникнуться этой мыслью.

Итак, мы рекомендовали вам сделать следующее: наполнить себя светом высшей сущности.

Затем нужно зарядить этим светом мысленный образ цели, помещенный в круг.

В течение долгих столетий этот метод был главной и тщательно оберегаемой тайной сменявших друг друга культов Востока и Запада; даже посвященные высших ступеней передавали эту тайну друг другу не иначе, как в зашифрованном виде. Часто тайны такого рода назывались магически-религиозными. Мы же предпочитаем называть их просто психософскими, поскольку корни их уходят в знание человеческой души и той мудрости, которая ей присуща.

На протяжении многих столетий людей завораживали рассказы (иногда преувеличенные), приходившие из разных частей света, о деяниях чудотворцев, которые, призывая в помощь то или иное имя, совершали чудеса. И многие люди (включая посвященных Каббалы, которые знали об этом больше остальных) тратили долгие годы, а иногда и всю жизнь, на поиски имени, взывание к которому могло бы наделить их подобной силой. Конечно, фраза «Во имя...» (далее произносится имя) есть не что иное, как обозначение той или иной силы: «Силою...» — вот подлинный смысл этого взывания. А «правильным» именем в данном случае будет то имя, которое предпочитаете вы сами, — будь то «высшая сущность», «божественное пламя» или нечто иное, что наполняло бы вас светом.

Вера именно в это имя и движет горами.

Когда вы действительно овладеете этой техникой созидательной визуализации, буквально ничто и никто не сможет противиться вам.

Давайте обратимся к Евангелию от Луки: «Светильник тела есть око; итак, если око твое будет чисто, то и все тело твое будет светло; а если оно будет худо, то и тело твое будет темно... Если же тело твое все светло и не имеет ни одной темной части, то будет светло все так, как бы светильник освещал тебя сиянием» (Лк. 11:34-36).

Теперь обратимся к словам одного из средневековых святых, который писал музыку, — его звали Пи из Милапора (сегодня это город Мадрас), — написанные им гимны до сих пор популярны среди индусов. Он сказал: «Я возжег в своей душе яркий светильник знания, я искал и обрел его: сам Бог-чудотворец тихо вошел в мое сердце, чтобы остаться там навсегда».

Нельзя обойти вниманием и блестящую статью «Вера, убеждения и управление эмоциональными аспектами в лечении злокачественных опухолей» доктора Карла Симонтона, написанную им в соавторстве со Стефани Мэттьюз-Симонтон для журнала «Journal of Transpersonal Psychology» (1975, №1). В ней говорится: «Я не встречал ни одного пациента [из тех, у кого наблюдалась внезапная ремиссия симптомов рака или неожиданно благополучные результаты терапии], который бы не прошел через подобную процедуру визуализации. Возможно, излечение проводилось на духовном уровне и лечение целиком и полностью проводил Бог. Но важнее всего здесь то, что пациенты создавали мысленные образы, и то, как именно они их создавали. Пациенты были настроены исключительно позитивно, независимо от того, из какого именно источника пациент ожидал исцеления, и создававшиеся ими образы также были позитивными».

Если принять во внимание уже упоминавшийся факт того, что свет, которым нужно заряжать визуализированный образ, является «энергией, жизненной силой, любовью и благословением одновременно», то можно заметить, что даже те, кто был незнаком с изложенной выше техникой, но в своем представлении наполнял созданный образ той или иной разновидностью этого света, успешно добивался выбранной цели. Так, в третьем томе книги «Магическая философия» содержится следующая история.

Некий молодой человек был предметом постоянных тревог своей матери, поскольку занимался альпинизмом. Однако его мать переживала не слишком сильно — до тех пор, пока однажды ночью не увидела особенно отчетливый и страшный сон, в котором ее сын пытался удержаться на узком скальном выступе, но в итоге все же сорвался. Очнувшись от этого кошмара, женщина ощутила, что образ падения сына преследует ее — он снова и снова возникал в ее воображении, но самым страшным женщине казалось возникшая уверенность в том, что это было предупреждение о событии, которое неминуемо должно случиться. И когда это видение в очередной раз всплыло в ее сознании, женщина не стала прогонять его. Она отважно «просмотрела» его вплоть до последней сцены, и в критический момент она вложила все свои силы в изменение развязки: она представляла себе, что ее сыну удалось сохранить равновесие и избежать опасности.

Каждый раз, когда эта картина возникала снова, женщина пыталась таким способом изменить ход событий, до тех пор, пока ей не удавалось сделать это и самое страшное не оказывалось позади.

Некоторое время спустя ее навестил сын, который рассказал ей, что недавно с ним случилось происшествие, едва не закончившееся трагически. Как и в том страшном сне, он забрался на выступ, оперся на неустойчивый камень и уже был уверен, что сейчас сорвется в пропасть, но затем его вдруг поддержал внезапный порыв ветра, которого ему оказалось достаточно для того, чтобы снова взять ситуацию под контроль.

Все обстоятельства и ситуации, имеющие место в материальном мире, имеют своих астральных «двойников», и в ряде случаев человек может увидеть эти картины астрального мира. Женщина, о которой мы только что рассказа-

116

ли, с невероятной проницательностью (хотя и бессознательно) сначала сумела изменить астральный образ, создав собственную версию произошедшего, а затем зафиксировала визуализированный образ и воплотила его в реальность при помощи всей силы своей любви (то есть направив луч божественной силы материнства из недр своей души).

Приведенные выше случаи и примеры призваны помочь вам разобраться в самой сути вопроса. Когда вы будете применять эту важную технику на практике, необходимо визуализировать образ цели с максимальной отчетливостью, уверенно поместить его в круг и зарядить ее светом высшей сущности. Все эти действия вы должны совершать, сидя прямо, но расслабленно, и ритмично дыша по предложенному методу. Даже если вы ежедневно посвящаете созидательной визуализации два-три сеанса, с Техникой зарядки цели нужно работать только один раз в день, однако продолжать делать это до тех пор, пока вы не получите желаемого результата. Помните о том, что важно заниматься и упражнениями подготовительного этапа, а когда вы достигнете своей цели, не забудьте поблагодарить свою высшую сущность.

Программа визуализации, которая объединяет упражнения подготовительного этапа с Техникой зарядки цели, и называется главным методом созидательной визуализации.

Этот метод очень легко приспособить к большинству целей. Например, его можно использовать для того, чтобы исцелиться самому или исцелить кого-то еще, если вы не можете помочь больному непосредственно.

«Целительство на расстоянии» часто является не чем иным, как простым посылом заряда энергии или жизненных сил человеку, на которого собираются воздействовать, вместе с формулой внушения о том, что больной поправится. Этот метод оказывается очень полезным в любых ситуациях, так как способствует активизации естественных оздоровляющих сил организма, испытывающего недостаток в чем-либо, угнетенного слабостью, травмой или негативными внушениями.

Помогать самовосстановлению организма — достойное, радостное дело.

«Целительство на расстоянии» можно осуществлять несколькими способами. Иногда люди, не владеющие визуализацией или не знающие об этом методе, просто начинают ритмично дышать, наполняют себя светом высшей сущности (хотя, возможно, называют ее иначе) и затем, при помощи движений рук и пальцев, направляют этот свет в то место, где находится предполагаемый пациент. Такое лечение может быть очень эффективным.

Однако для того, чтобы получить гарантированные, внушительные и продолжительные результаты, после установления ритмичного дыхания необходимо представить себе образ человека, на которого вы воздействуете (то есть вообразить его здоровым, счастливым, улыбающимся и молодым), и поместить этот образ в круг. Затем этот образ заряжается светом высшей сущности, удерживаясь в круге силой, любовью и благословением этого света, и наконец, внутренним импульсом вы отсылаете образ в направлении человека, которого вы представляли. После этого необходимо сохранить прежнюю позу и дышать ритмично, вплоть до того момента, пока образ совершенно не исчезнет из вашего умственного взора.

Основные этапы техники целительства на расстоянии должны проводиться без изменений, однако по необходимости можно вносить в него те или иные поправки.

Если в подобном случае, для облегчения визуализации, вы используете фотографию того, на кого воздействуете, не забудьте закрыть глаза, когда приступите к мысленному воспроизведению образа: ведь заряжать вам нужно образ, а не фотографию.

Если же вы проводите исцеление по просьбе человека, у которого боль локализована в каком-то определенном месте (например у него «стреляет в ухе» или сломана нога), то, возможно, будет полезнее визуализировать больной или поврежденный орган. Однако в этом случае непременно нужно мысленно увидеть больной орган здоровым, а затем, прежде чем закончить сеанс, «перенести» это здоровье на всего человека, увидев его здоровым и счастливым. (Например, если человек сломал ногу, представьте его идущим или бегущим, а если он страдает поражением слуха, то представьте, как он слушает музыку.)

Эта техника может принести большую пользу и тогда, когда пациент находится рядом с вами и его беспокоит боль во внутренних органах. (В этом случае, если вы не обладаете даром ясновидения, желательно иметь хотя бы базовые сведения по анатомии.)

Независимо от того, какова цель процедуры и действуете ли вы по просьбе пациента или по собственному почину, вам следует (как и во всем, что вы делаете) достичь единства всех планов своего существования, несмотря на то, что действие высшей сущности совершенно само по себе. Поэтому будет полезно принять любые меры, которые помогут вашей низшей сущности действовать в согласии с высшей, — а сделать это можно самыми разнообразными способами.

Среди них мы должны упомянуть и традиционные рекомендации по воздержанному образу жизни, который в конечном счете может сослужить огромную службу человеку, решившему сделать развитие своих скрытых способностей задачей всей своей жизни. Под этим мы вовсе не подразумеваем лишения или «восхваление страданий» — страданий и лишений здесь должно быть не больше, чем, например, в жизни победителя Олимпийских игр. Основами подобного образа жизни считаются строгий, но сбалансированный рацион (преимущественно вегетарианский), ежедневные физические упражнения, ежедневный самоконтроль способностей психики и разума, частое общение с природой, а также отказ от общения с людьми, которые, как вам известно, поглощают вашу энергию, либо ведут нездоровый или неправедный образ жизни. Если поддерживать такой режим долгое время, он начинает творить чудеса даже при невысоком начальном уровне способностей человека.

Тем же, кто не горит желанием вести столь «строгий» образ жизни и, вероятно, нуждается в развитии своих внутренних способностей лишь для повышения общего кругозора, можно указать обходные пути к подчинению низшей сущности требованиям созидательной визуализации. (Это будет особенно полезным для тех, кто уже развил в себе некие скрытые способности или свойства психики.)

Главный метод визуализации, то есть Техника зарядки цели вкупе с занятиями подготовительного этапа, как они были изложены выше, содержат в себе все, что необходимо для достижения максимальных результатов для любого человека, который проявит достаточное упорство.

Советы, которые мы приведем ниже (они предполагают сочетание Техники зарядки цели с другими методиками), являются всего лишь средством создания таких условий, в которых эмоциональный уровень и низший слой сознания вашей психики обретут особую воспри-

120

имчивость. Примеры, о которых пойдет речь далее, потребуют от вас применения главного метода визуализации, то есть, в качестве подготовки к Технике зарядки цели, вам предстоит выполнить упражнения подготовительного этапа.

Например, если у вас есть какой-нибудь излюбленный способ вызывать определенное состояние психики (например, зажигание свечи или работа с планетарными сферами), и он, как вам кажется, способен связывать вас с глубинными слоями вашей психики, то этот способ можно сочетать с главным методом созидательной визуализации. Тем самым вы не будете управлять своей высшей сущностью, и не сможете усилить ее мощь (это достигается при помощи мысленно-эмоциональных связей, воздействующих лишь на самые глубины психики) — вы просто будете «разговаривать» с ней на таком языке, который понятен этим глубинным уровням.

В частности, если вам особенно нравится огонь свечей, то в процессе занятий Техникой зарядки цели можно жечь их. В случае, если вам ближе работа со сферами планет, можно задействовать определенные цвета различной интенсивности для тех сфер, которые вам необходимо задействовать: сферы Меркурия — для путешествия, Марса — для поиска справедливости, Юпитера — для достатка.

Если же вы в достаточной степени овладели гадательными процедурами (и при этом имеете достаточный опыт работы с Техникой зарядки цели), в этом случае можно прибегнуть к необычайно интересному методу, для которого даже не потребуется прибегать к подготовительному этапу. (Ведь иногда необходимо действовать как раз без подготовки.) Однако это очень сильнодействующий метод, поэтому мы поспешим предостеречь вас: прежде чем приступите к нему, твердо убедитесь в том, что ваши действия будут построены так, что произведут только тот эффект, которого вы ожидаете.

Это предупреждение связано с тем, что ряд техник прорицания, основывающихся на книге «И Цзин», геомантии и в особенности гадание на картах Таро способны воспроизвести заданные обстоятельства не только в вашей душе, но и в астральном мире.

То есть вы будете призывать свет своей высшей сущности для того, чтобы воспроизвести и утвердить в астральном плане необычайно мощный образ.

Причина того, почему эти техники предсказания будущего способны подействовать «в обратном порядке» и могут действовать там, где они действовать не должны, окажется очень простой, если мы вспомним о том, как действуют на астральный план наши мысли и эмоции. Ведь жесты, позы и телодвижения не только отражают эмоции, — они способны и порождать их.

Приведем такой пример. На сцену выходят два актера, которые играют персонажей, совершенно вам незнакомых, причем один персонаж явно издевается над другим. Как вы думаете, пропустит ли эти выпады мимо ушей второй персонаж? Актер, играющий его, напрягает колени, расправляет плечи и выпячивает грудь — из этого следует, что его персонаж не желает смириться с оскорблениями.

Приходилось ли вам самим оказываться в подобном положении, когда над вами взяли верх? Если такое случалось, то в следующий раз воспользуйтесь советом, приведенным ниже.

Прогните ноги в коленях так, чтобы почувствовать жесткость в области суставов, сделайте глубокий вдох, наполнив воздухом грудную клетку, расправьте плечи и прижмите локти к бокам так, чтобы мышцы рук слегка напряглись. «Кровь разожгите, напрягите мышцы»*, — так описывает это состояние король Генрих V в драме Шекспира.

Осталось ли в вас *теперь* хоть немного покорности?

Точно таким же образом слово или символ (если это действительно символ), обозначающие то или иное состояние, способны порождать данное состояние. Обычно состояние, вызванное к жизни таким способом, оказывается очень зыбким — но не тогда, когда его порождает свет высшей сущности. Именно по этой причине и необходимо соблюдать осторожность.

Давайте рассмотрим один пример эффективного применения символа, почерпнутый из китайской книги «И Цзин». Приведенные в ней шестьдесят четыре гексаграммы призваны не только отражать изменения и переходы жизненной силы, как они виделись древнекитайскому учению о Дао, — применительно к прорицанию эти же гексаграммы должны были давать те или иные ответы на определенные вопросы, задаваемые определенными людьми в определенное время. В свете даосизма, древнекитайского философского учения, гексаграмма сама по себе олицетворяла определенные свойства.

Что характерно, линии в гексаграммах предположительно должны переходить одна в другую, и тем самым одна гексаграмма указывает на следующую, поэтому желательно также истолковать и эту следующую гексаграмму, чтобы лучше разобраться в вопросе.

---

* Цитата дана в переводе Е. Бируковой, по изданию: Уильям Шекспир, ПСС. В 8 тт., издательство «Искусство», 1959, т. 5. — *Примеч. пер.*

Теперь давайте представим себе, что некая девушка тяжело заболела, и ее друг, который знаком с «И Цзин», решил провести сеанс созидательной визуализации. Пролистав «Книгу перемен», он находит несколько гексаграмм, которые должны привести к благоприятному результату его сеанса, однако многие из этих рисунков, как в собственном своем смысле, так и в традиционном истолковании, относятся, вероятнее всего, к совершенно иным ситуациям.

Наконец, он останавливается на гексаграмме № 34, называющейся («сила величия» или «символ великой энергии»). Рисунок этой гексаграммы трактуется так: сила весеннего грома движется в гармонии с силой неба. (Однако эта гексаграмма используется для гадания.)

Проанализировав значение каждой из линий гексаграммы в отдельности, этот человек выбирает одну, а именно четвертую, которая соответствует его цели («Правильное решение принесет удачу»).

Прочитав эти строки, проводящий процедуру понимает, что свет высшей сущности своей незримой мощью действительно способен вылечить девушку. Однако прежде чем приступить к процедуре, он решает посмотреть, что произойдет после того, как по окончании визуализации совершится переход от одной гексаграммы к другой.

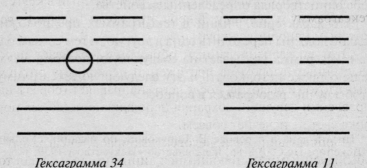

Гексаграмма 34   *Гексаграмма 11*

Действительно, произошел переход от гексаграммы 34 к гексаграмме 11, то есть «гармония». Она символизирует совместное действие сил земли и неба, действие духа внутри материи, естественным образом ведущее к развитию и процветанию. Однако эту гексаграмму проводящий сеанс уже не станет визуализировать — хотя ему полезно знать, что она означает и закономерный исход его начинания. Благодаря своему опыту работы с «И Цзин» и приспособлению ее гексаграмм к действию определенных жизненных сил, он может совершенно спокойно приступать к сеансу.

После этого он некоторое время созерцает гексаграмму 34, сосредоточившись в особенности на четвертой линии, на ее духовной мощи и на ее роли в гексаграмме, стараясь задействовать скрытые рычаги ее действия. Затем он закрывает глаза и визуализирует гексаграмму, мысленно поместив ее над головой девушки. Этот образ, состоящий из гексаграммы и головы девушки, он помещает в белый круг, причем имеющаяся в гексаграмме «подвижная» линия помечена традиционным способом. Мысленно представив себе девушку здоровой и счастливой, человек, проводящий визуализацию, наполняет себя светом высшей сущности, а затем представляет себе, как этот свет, ослабевая в нем самом, наполняет образ, помещенный в круге, — гексаграмму и девушку. Теперь этот образ излучает свет, которым наполнился круг.

Этот визуализированный образ он удерживает перед мысленным взором на протяжении нескольких ритмичных вдохов и выдохов, после чего «направляет» образ в направлении девушки, сохраняя неподвижность до тех пор, пока свет не исчезнет совсем.

И опять-таки, если человек выбирает гексаграмму с обозначенными «меняющимися линиями» только для того, чтобы принести пользу себе или больной девушке, то затем он визуализирует ее, помещает образ в круг и заряжают его светом, — после созерцания этого образа он позволяет ему раствориться.

Что касается геомантии, то здесь, применительно к созидательной визуализации, не нужно много объяснять — их следует визуализировать так же, как и в предыдущем случае, причем визуализацию можно проводить как для себя, так и для кого-то еще. Что же касается визуализации при помощи карт Таро, то это более сложная процедура.

Конечно, бывает и так, что опытный знаток и толкователь карт Таро, особенно если он хорошо разбирается в положениях астрологии, может ощутить полную уверенность в том, что воздействие даже одной-единственной карты большого или малого аркана обеспечит желанный результат ему самому или кому-то еще. В таких случаях понадобится выявить эту карту, поразмышлять над ее значением, затем создать мысленный образ этой карты (а если визуализация совершается для другого человека, то следует мысленно поместить карту над головой этого человека). Помещение образа в круг и зарядка его светом высшей сущности осуществляются точно так же, как это делалось с гексаграммой из книги «И Цзин».

Однако чаще всего результат оказывается более верным, точным и безопасным, если задействовать не одну карту, а несколько.

Использование в процедуре визуализации какой-то сложной комбинации карт не является ни обязательным, ни желательным. Так называемый «расклад из десяти карт» (известный под несколькими названиями) обладает достаточно широким спектром возможностей, которые пригодны для большинства положений, связанных с внутренней жизнью человека или внешними условиями его жизни, с прошлым и с настоящим, и, конечно, с будущим (когда речь идет о получении желательного результата). Этот расклад имеет следующее преимущество: он включает в себя карты как большого, так и малого аркана — впрочем, можно использовать карты только большого аркана.

Лучшим способом работы с картами Таро будет такой: продумать, чего вы хотите достичь с помощью созидательной визуализации, затем создать расклад из нужных карт Таро, которые вы увидели, если бы выпал нужный вам результат. Подумайте над значением этого расклада; оцените взаимодействие карт, из которых он состоит. Если вы достаточно опытны в работе с картами Таро, то запомнить расклад из десяти карт для вас не составит никакого труда.

Далее нужно выполнить те же действия, которые мы неоднократно описывали раньше. Не пытайтесь визуализировать мельчайшие подробности карт вашего расклада: достаточно того, что вы хорошо помните сами карты и не сомневаетесь в их значении. (Все, что вы видели, всегда остается с вами — например, хороший специалист по гипнозу сможет безошибочно проникнуть в эти знания. Главное, чтобы перед вашим мысленным взором находился составленный расклад и его значение, которые вы собираетесь использовать для своих целей.) Если выполняете визуализацию для себя, следует представлять только расклад карт; если же выполняете эту процедуру для кого-то, «поместите» карты над головой этого человека. Далее следует заключить образ в круг и продолжать визуализацию по описанному выше способу.

Нужно еще раз отметить, что использование для визуализации гадательных техник способно дать желанный результат лишь тому, кто хорошо с ними знаком. Если вы хотите использовать в созидательной визуализации книгу «И Цзин», карты Таро или геомантию, то необходимо обрести собственный опыт работы с ними.

ВЫВОДЫ

Планируйте программу занятий визуализацией постепенно, шаг за шагом, объединив ее общей, итоговой целью.

Выполняйте Технику зарядки цели в точности так, как она была описана в данной главе, и продолжайте упражняться в ней.

Если вы захотите применить этот метод на благо кого-то, создайте мысленный образ того человека; затем, зарядив образ светом и созерцая его достаточное количество времени, усилием воли «отправьте» его к этому человеку.

Начиная программу созидательной визуализации, предполагающую использование Техники зарядки цели в неизмененном виде, выполняйте сначала упражнения подготовительного этапа.

Когда вы приступили к выполнению Техники зарядки цели в той или иной программе визуализации, упражняйтесь в ней не чаще, чем один раз в день, и делайте это до тех пор, пока не овладеете этим методом.

Если у вас есть любимый метод гадания, применяйте его в занятиях визуализацией в точности так, как было описано в этой главе. Выполнять эти рекомендации в упражнениях подготовительного этапа не нужно, однако следует постоянно упражняться в наполнении себя светом высшей сущности.

Опишите первый успех в своих занятиях визуализацией. Поразмыслите над ним и черпайте уверенность из этих записей.

Глава седьмая

МЕТОД ЗВЕЗДЫ И ТЕХНИКА ПРИУМНОЖЕНИЯ

Краткое содержание

1. Ваша сознательная сущность не одинока: высшая сущность способна услышать вас, если ее призывать правильно. Вы не должны быть «жертвой случая». Вселенная наполнена свободной энергией, ее законы можно использовать для удовлетворения своих нужд и желаний.

2. Хотя материальный мир, в котором мы живем, лежит в границах крайностей (верх — низ, свет — тьма, мое «я» — чужое «я»), вы можете вступить в контакт с единой общностью высших сил и избавить себя от выбора.

3. «Метод Звезды» на начальном этапе является отличным средством, которое поможет вам постепенно овладевать главным методом созидательной визуализации.

4. «Техника приумножения» позволяет использовать силу высшей сущности, чтобы увеличить количество всего того, чем вы уже обладаете.

В прошлой главе мы познакомили вас с главным методом созидательной визуализации. В известном смысле он основан на действии вашей веры в высшую сущность, и познакомившись с ним, вы, вероятно, сразу же увидели, что перед вами лежит прямой путь к цели, о котором вы так долго мечтали. Но может быть, вы спросили себя: «А действует ли у меня этот метод?».

Безусловно, он подействует, и каждая секунда, которую вы потратили на то, чтобы заставить его работать (или лучше сказать, заставили себя поработать над ним), потрачена вами с пользой.

Но может быть и так, что вы поведете себя, как человек, поднимающийся в гору: он может видеть перед собой прямой путь, но сначала предпочтет попробовать окольный. Или, возможно, вы захотите опробовать визуализацию на незначительных целях, просто ради того, чтобы доказать себе действенность этого метода. Что же, пусть будет так. Как только вы создадите мысленный образ того, что вам нужно, вы убедитесь в том, что некая невидимая сила осуществит для вас задуманное.

В этой главе мы познакомим вас с двумя простыми методиками, призванными заменить Технику зарядки цели, — они были успешно опробованы множеством людей. Причем первая из этих методик вовсе не связана с высшей сущностью.

В первой главе вы прочитали рассказ о девушке, которая страстно желала жить в другой стране и применила технику созидательной визуализации, называющуюся «Метод Звезды». Вот еще один рассказ о человеке по имени Стэн, который при помощи этого метода получил то, что хотел, хотя к тому моменту, когда он приступил к визуализации, ничто даже не предвещало успех.

Стэн был квалифицированным слесарем по системам отопления. Он был женат, имел трех маленьких детей, так что его положение не позволяло быть слишком разборчивым в отношении своей работы. В целом он не жаловался на свою работу, хотя она была нестерпимо скучна.

На самом деле Стэн хотел быть художником-карикатуристом. Еще в детстве он изрисовывал юмористическими набросками альбом за альбомом. Предметом для юмора для него могло быть все, что угодно, однако свои альбомы он никому не показывал.

Затем он познакомился с Методом Звезды, который подошел ему как нельзя лучше.

Стэну было совершенно нетрудно представлять себя рисующим картинки, за которые он получает славу и деньги. Вскоре, однако, Стэну пришлось учесть в своих занятиях и тот факт, что он должен заботиться о своей семье, что жена и дети ни в коем случае не должны пострадать от его амбиций, а заодно вспомнить о своей уверенности в том, что он идет по правильному пути. В конце концов, думал он, зачем мне нужен мой талант и моя потребность в рисовании, если я стану ими пренебрегать? Стэн твердо решил стать карикатуристом.

С начала занятий по Методу Звезды прошло меньше месяца, когда один из менеджеров фирмы вызвал Стэна к себе. Стэну сообщили, что фирме необходимо пособие для обучения слесарей-стажеров, а ему, как опытному слесарю, известны все ловушки, которые могут подстерегать новичков в работе. Ему предложили поделиться этим опытом с рекламным агентом, который готовит текст, после чего для пособия будут нарисованы пояснения-карикатуры. «Но я сам могу нарисовать их, — предложил Стэн, — и я знаком со всеми сложностями своей работы, поэтому будет лучше, если я сделаю рисунки сам, вместо того, чтобы делиться опытом с агентом».

«Приносите рисунки, мы посмотрим», — ответил ему менеджер.

Стэн начал рисовать. Он нарисовал резервуар для воды, бездумно установленный в углу чердака, — в этот резервуар, прорвав заплатку, проваливался хозяин дома, широким движением расплескивающий ведро воды. Затем Стэн изобразил дрожащую от холода женщину, закутанную в меха, стоящую посреди куч неиспользованной изоляции для труб и печально глядящую на протекающие трубы.

Так Стэну поручили иллюстрировать пособие — эта работа была оплачена особо. А поскольку у менеджера был родственник, работавший в сфере образования, то в скором времени Стэну заказали серию рисунков на тему безопасности дорожного движения. Так заказы приходили один за другим, и Стэну не пришлось бросать свою основную работу, — теперь он мог заниматься своим любимым делом, а его семья была вполне довольна небольшим прибавлением доходов Стэна.

Как вы, вероятно, уже успели заметить, главное различие между Методом Звезды и Техникой зарядки цели состоит в том, что в первом случае зарядка цели светом высшей сущности не требуется. Метод Звезды предполагает простую визуализацию желанной цели, за которой следуют простые действия, и повторение (вслух или про себя) определенных формул самовнушения. Тем самым выполнение вашего желание будет происходить в астральном плане, в то время как лучи звезды будут осуществлять связь вашей деятельности с энергией и потенциалом высшей сущности.

Таким образом, хотя Метод Звезды является не столь мощным и действенным, как главный метод созидательной визуализации, это все же достаточно сильное средство, и, прибегнув к нему, вы встретите множество доказательств того, что за созидательной визуализацией действительно стоит духовная сила. Применив с выгодой для себя созидательную визуализацию, вы ощутите, что ваша сознательная сущность вовсе не одинока в своем противостоянии трудностям этого мира.

В то же время, прибегая к Методу Звезды, вы будете, как правило, получать только «намек» на вашу цель, ее «образец» или только возможность для ее осуществления. Все то, что вы порождаете при помощи этого метода в астральном плане, в материальном мире может оказаться недолговечным; многое здесь зависит от того, какими действиями вы подкрепите Метод Звезды. (В любом случае, упражнения подготовительного этапа вам так или иначе следует выполнять, чтобы в конечном счете полностью овладеть главным методом созидательной визуализации.) Например, девушка, о которой мы рассказали в первой главе, учила язык той страны, куда она стремилась уехать, и это было вполне разумной мерой: если вы что-либо используете, то вероятность того, что вы овладеете этим, возрастает. Стэн еще в детстве умел рисовать забавные картинки, и он продолжал занятия рисованием. Метод Звезды предоставил им возможность осуществления цели.

Осознать это очень важно. Мир полон возможностей, и нетрудно заметить, что часто они выпадают людям, которые не испытывают в них особой нужды. Почему так бывает? Ответим вам: потому, что один успех влечет за собой следующий.

Вероятнее всего, жизнь предоставит вам какой-то шанс, которого вы не искали, который способен направить вашу жизнь в совершенно иное русло, если вы им воспользуетесь.

Поэтому, независимо от того, насколько велики (или невелики) ваши материальные возможности, в первую очередь, вы должны настроиться на успех — на получение тех шансов, которые вы можете использовать. И в этом случае Метод Звезды станет для вас очень действенным средством.

Укрепление здоровья, борьба с денежными неурядицами или выполнение обещания, которое вы дали из лучших побуждений, — вот области, в которых Метод Звезды может оказаться полезным: в подобных «чрезвычайных обстоятельствах» эта техника работает как нельзя лучше. Кроме того, она поможет вам закрепить свои первые успехи на поприще созидательной визуализации. Вместе с тем, следует одновременно продолжать работу над Техникой зарядки цели для того, чтобы ваша жизнь последовательно улучшалась (независимо от того, насколько значительные блага принес вам Метод Звезды).

Когда дети еще совсем маленькие, отец угощает их сладостями, чтобы показать, что он расположен к ним. Однако когда они вырастают, он надеется, что между ними возникнет настоящая дружба. Так и нам необходимо со временем упрочивать отношения со своей высшей сущностью — прочная дружба с ней куда лучше мимолетных подарков.

Теперь давайте взглянем на диаграмму и выясним, как нужно применять Метод Звезды. (Для личного использования необходимо сделать себе копию этой диаграммы, а не использовать ту, что помещена в книге. Раскрасьте свою диаграмму — она должна быть только вашей, и ничьей больше.)

Метод Звезды

Занятия по этому методу нужно проводить не чаще одного раза в день, — лучше всего делать это сразу же после пробуждения или непосредственно перед сном. (В остальном, работая по программе созидательной визуализации, выполняйте упражнения подготовительного этапа.)

Тщательно подготовьте диаграмму.

Держите ее в руке, чтобы она была наготове.

Сядьте, выпрямив спину и держа ноги параллельно друг другу.

Расслабьтесь; очистите сознание от навязчивых образов и мыслей.

Приступите к ритмичному дыханию.

Ритмично дыша, сосредоточьтесь на цели, которую вы хотите достичь, и на причинах, по которым вы стремитесь к ней; постарайтесь создать максимально отчетливый зрительный образ цели. Нужно быть очень сосредоточенным, поэтому не позволяйте сознанию отвлекаться на прочие желания и потребности: всему свое время.

Создав мысленный образ, взгляните на диаграмму, созерцайте сердце, изображенное в верхнем луче звезды, — оно символизирует ваше сердце, ваши желания. Говорить пока ничего не надо; затем поверните диаграмму так, чтобы вверх смотрел тот луч, на котором изображены весы. Созерцая их, медленно и отчетливо произнесите:

Да будут благословенны законы Вселенной.

Эта фраза должна прозвучать откровенно, проникая в каждый уголок вашей души. Понятие «закон» нечасто пользуется любовью, однако именно благодаря законам Вселенной ваша визуализация будет успешной, благодаря им вам гарантировано освобождение от положения «жертвы случая». Вы ощутите всю святость этих законов, которые принесут вам счастье, и тогда искренне благословите их.

Метод Звезды

Теперь снова поверните звезду так, чтобы вверх был направлен луч с изображением рога изобилия; созерцая его, медленно и отчетливо произнесите:

Да будет благословенно ее бесконечное изобилие.

Эта фраза не нуждается в пояснениях.

Теперь поверните звезду так, чтобы вверх смотрел луч с изображением летящей птицы: эта птица летит к вам. Никогда не следует ставить себе временные ограничения в занятиях созидательной визуализацией (точно так же, как никогда не следует искать источник этих целей в материальном мире) — гораздо лучше будет пожелать, чтобы этот процесс шел с той скоростью, которая вам нужна. Так что на этом этапе следует не просто принять это к сведению, но утвердиться в мысли о том, что результат не заставить себя ждать. Произнесите:

Да будет благословенна быстрота,
с которой все свершится.

Далее нужно удостовериться в том, что осуществление вашего желание никому не принесет вреда. Даже если вы хотите вернуть себе нечто, отнятое у вас кем-то обманным путем, будьте осторожны: не желайте своему обидчику зла. Это не просто вопрос морали. С моральной точки зрения, если эта утрата повредила вам — возмездие будет вполне справедливым. Однако не следует, образно выражаясь, «раскачивать маятник», — ведь этот маятник не остановится, и через некоторое время вы лишь усугубите свои неприятности. Если вы не исповедуете никакой религии, то поверьте физикам: Вселенная устроена именно так. В этой книге мы рассматриваем ее устройство с несколько иной точки зрения, чем физика, но при этом не вступаем с ней в противоречие.

Следовательно, вам нужно стремиться к тому, чтобы высшая сила Вселенной остановила этот «маятник» там, где вы захотите его остановить (по счастью, высшая сила является силой разумной). Поэтому поверните звезду так, чтобы вверх смотрел тот ее луч, на котором изображено сияющее солнце, и произнесите:

Да будет благословенно всеобщее добро,
в котором все совершается.
Солнце одинаково светит и добрым, и злым.

Пусть тем самым ваше приобретение не обернется ни для кого потерей. Теперь снова поверните звезду, направив вверх луч с изображением сердца, и завершите процедуру такими словами:

Да будет благословенно мое желание,
которое осуществляется уже теперь.

Произнесите это смело, с твердой уверенностью. На духовном плане ваши слова сбываются уже сейчас, и, безусловно, они столь же быстро и естественно воплотятся в жизнь и в материальном мире. Теперь вам нужно спокойно продолжить занятие по Методу Звезды (предпочтительно в одно и то же время суток), однако никому об этом не рассказывайте.

В шестой главе мы указывали, что не следует посвящать никого в подробности ваших занятий созидательной визуализацией. Кроме того, нельзя вызывать у окружающих зависть или обиду своим преуспеванием в жизни. Эти предостережения в значительной степени объясняются тем вполне очевидным фактом, что вашим созидательным эмоциям предстоит противостоять разрушительным эмоциям окружающих. Как это ни досадно, даже самые дорогие и близкие вам люди могут создавать сложности в занятиях, если они не поверят тому, что вы обладаете какими-то внутренними способностями, или незаметно для самих себя обидятся на то, что какая-то часть вашей внутренней жизни им недоступна.

Кроме того, к подобному воздержанию от рассказов о своих целях и достижениях в визуализации (а тем более от хвастовства) располагают и более существенные причины. Одной из них является опасность недостаточного напряжения сил.

В ряде случаев напряжение оказывается очень полезным. Например, если вы хотите выстрелить из лука, тетиву нужно натянуть очень туго: если не создать напряжения тетивы, выстрела не получится. Если вы хотите, чтобы механические часы работали, нужно завести пружину, чтобы ее напряжение приводило в действие механизм: если не будет напряжения, часы не будут ходить.

Кроме того, достичь эффективного результата в материальном мире труднее, чем в любом другом, и этому есть простое объяснение — инерция материи. В астральном мире можно с легкостью создать нужный мысленный образ, однако для того, чтобы произвести аналогичные перемены в материальном мире, необходимо направить в астральный мир заряд духовной энергии, чтобы создать там «напряжение», которое произведет то или иное действие в мире материальном. Поэтому, рассказывая о будущем результате, вы ослабляете напряжение этой действующей силы до такой степени, что она можем оказаться неспособной к действию. (Впрочем, довольно часто случается так, что именно это напряжение и побуждает вас проговориться о своих занятиях — и в этом случае необходима особая сдержанность.)

Существует, кроме того, и другая опасность. Часто за тщеславие, безрассудство или слабость мы склонны судить себя гораздо строже, чем нас осудил бы Бог. Ослабить силу подобного осуждения оказывается не так-то просто, даже когда мы сознаем всю нелогичность подобной суровости. Дело в том, что корни этой силы уходят в глубинные, бессознательные слои психики, связанные с периодом формирования личности. Поэтому, ощущая неоправданно сильное чувство вины за свое хвастовство, мы можем создать препятствие для воплощения задуманного нами образа.

Хранить молчание — значит не только сохранять цельность процесса занятий визуализацией, но и поддерживать свое чувство самоуважения.

Однако если ваши друзья и близкие обеспокоены ситуацией, сложившейся в вашей жизни, вы всегда можете убедить их в том, что они могут смотреть на ваши дела с надеждой и оптимизмом, рассказав им про то, как овладеть техникой визуализации.

Теперь мы перейдем к другой технике, которая хотя и уступает по силе действия главному методу созидательной визуализации, но будучи применена в соответствующих обстоятельствах, оказывается весьма действенной.

Она напрямую зависит от того, насколько вы овладели умением наполнять себя светом высшей сущности; вместе с тем, она не требует хорошо развитого умения визуализировать образы. Так что в отличие от Метода Звезды, она может быть с успехом использована еще прежде, чем вы полностью овладеете упражнениями подготовительного этапа. Эта техника предназначена для тех случаев, когда вы располагаете тем, что вам нужно, но в недостаточном количестве — в подобных случаях ее полезность трудно переоценить.

Например, у вас есть жилище, однако вам там тесно; у вас есть немного денег, но ваших накоплений недостаточно для той или иной цели; у вас есть одежда, но вам нужна новая. Словом, вам или явно недостаточно того, что вы имеете, или вы опасаетесь, что и то, что у вас есть, вскоре закончится.

В подобных ситуациях очень важно твердо знать, как именно вам следует поступить. Нам часто говорят, что надо довольствоваться тем, что имеем, но те, кто это говорят, знают лишь часть истины. (Как правило, люди слышат это утверждение тем чаще, чем меньше они имеют.)

Надо сказать, что довольство имеющимся — вполне справедливый принцип, однако он истинен лишь отчасти, а это опасно и может завести на ложный путь.

Истинным будет такое утверждение:

Не отвергайте того, что имеете.
Не презирайте того, что имеете.
Не бойтесь того, что ваше достояние может стать
причиной несчастья.
Перед вами открыт путь к лучшей жизни.

Но для того, чтобы улучшить свою жизнь, не нужно губить то, что вы уже сделали, — берегите все то, чего вы достигли, очищайте это, если потребуется, но храните и любите свое достояние. Помните, что в этом аспекте созидательной визуализации мы имеем дело не с одним лишь материальным миром, — мы выходим на те уровни, где создаются и обретают форму все явления этого мира. А достояние этих уровней играет важную роль и в материальном мире. Ненависть и страх губят, добро и любовь — создают.

Многие люди смогли получить немалую пользу от таких ситуаций, которые были абсолютно неблагоприятными для них (и сами по себе, конечно, никакой пользы им не принесли): они предпочли не терять время и силы на сожаления по поводу скудных возможностей, которые им выпали. Эти люди просто воспользовались тем, что встретилось им на пути (ведь больше им ничего не оставалось делать), — и в итоге достигли желаемого результата.

Достижениями этих людей руководила духовная сила, которая по своей мощи и благородству была несоизмерима ни с одним из своих проявлений в материальном мире. Самые блестящие достижения кажутся тусклыми тенями на фоне той силы, которая их порождает, потому что когда вы взаимодействуете со своей высшей сущностью, то делаете ее своим союзником — сила, мощь, размах и благородство которой не имеют никаких границ.

В Библии (как в Ветхом, так и в Новом Завете) рассказано немало историй, посвященных действию этой силы, которые, впрочем, касаются лишь зримых ее проявлений в материальном мире, в то время как принцип ее действия оставлен в стороне. Тем не менее, на протяжении многих столетий люди любили эти истории, так как истинность того, о чем в них рассказывалось, позже подтвердилась. Прочитайте, например, историю из Первой книги Царств о пророке Илии и вдове, которой не хватало пищи (1 Цар. 17:9—16), или новозаветную притчу о чуде кормления народа (Мф. 15:35—38, Мк. 6:35—44 и 8:1—10, Лк. 9:12—17).

Техника, о которой пойдет речь, именно в честь этих событий получила название «Техника приумножения». (Это название перекликается также с математическим действием умножения: если умножить число на определенный множитель, то результат будет больше в несколько раз, однако умножьте его на ноль, и вы получите ноль:

работу с этой техникой нужно начинать, если у вас уже что-то есть. В противном случае, вам лучше воспользоваться другими средствами).

Но для обретения потрясающего и чистого духовного прозрения и для того, чтобы вдохновиться божественной истиной, лежащей в основе подобных свершений, прочтите эти строки персидского поэта-мистика XVIII столетия Абдула Хатифа и поразмышляйте над ними. Конечно, он имел в виду не материальные ценности и блага, — и, тем не менее, оцените мощный духовный посыл этих строк:

> *Когда на все, что ты видишь,*
> *Ты посмотришь с любовью,*
> *Тогда все то, что ты любишь,*
> *Ты вскоре увидишь своим.*

Сосредоточьтесь на этих строках, — не следует считать их «высокопарными», поскольку в них заключена великая духовная истина, и если смысл четверостишия беспрепятственно проникнет в ваш разум и душу, вы ощутите всю естественность этих строк.

А то, что является истиной в высших планах, должно быть истинным и в нашем мире, потому что духовная истина едина и неделима.

Затем, у вас не должно оставаться никаких заблуждений относительно любви. Любовь не является ни проявлением жажды обладания, ни слабостью, ни порывом эмоций. Она предполагает умение разглядеть в предмете любви все самое лучшее, это способность естественным образом помочь его развитию. Данное утверждение применимо к предметам, событиям, а также к любым существам, за которых вы несете ответственность.

144

В любви к себе действует то же правило: мы должны постигать свои неотъемлемые, природные свойства и понимать, чего мы действительно хотим, к чему искренне стремимся. Это понимание, вкупе со всем тем, что необходимо нам для совершенствования, и должно стать основой для визуализации, которую нельзя строить на потребности к постоянным переменам, подстегиваемой темпами нашей жизни.

Кроме того, — и это очень важно, — обретя эти истинные знания о самом себе, вы не причините вреда другим людям (чего будет трудно избежать, если бесцельно двигаться то в одном, то в другом направлении).

В этом случае вы с уверенностью можете сказать, что верны правилу: «Живи и давай жить другим».

Техника приумножения

Встаньте. (Возможно, через некоторое время вы решите ходить, когда будете благословлять различные предметы в своей комнате.)

Установите стабильный ритм дыхания.

Смотрите на то, что вы хотите приумножить.

Если вы не можете создать достаточно отчетливый мысленный образ своей цели, то по крайней мере, представьте себе, что предмет, который вы рассматриваете, помещен внутрь белого круга. Тем самым вы просто очертите границы предмета, с которым работаете.

Ясно представьте себе, что рассматриваемый вами предмет — это именно то, что вы хотите получить; мысленно преобразуйте его в соответствии со своими потребностями; можно даже недвусмысленно подумать о конкретной сумме денег.

Затем наполните себя светом высшей сущности, по методу, описанному в четвертой главе.

Зарядите этим светом предмет, который вы рассматриваете: мысленно проследите, как сияние этого света озаряет предмет и переливается на нем, заставляя сиять; одновременно ваше собственное сияние должно постепенно угасать. Когда свет целиком перешел на предмет, скажите:

...Эта вещь (название) полезна и достаточна.
Именем моей высшей сущности я благословляю
эту вещь.
Я обладаю ей в радости и довольстве.

Некоторое время продолжайте созерцать светящийся предмет, затем позвольте свету постепенно угаснуть.

Продолжая ритмично дышать, повторите процедуру созерцания, «зарядки» светом и благословения с любым другим предметом, который вы хотите приумножить.

Занимайтесь этой техникой ежедневно: она является мощным средством приумножения того, что вы визуализируете.

ВЫВОДЫ

Если вы чувствуете, что не до конца овладели главным методом созидательной визуализации, можете воспользоваться более простыми техниками.

Если вы испытываете затруднения с ощущением света высшей сущности, то можете пока пользоваться техникой созидательной визуализации под названием «Метод Звезды».

Для занятия по Методу Звезды вам понадобится воспроизвести диаграмму, помещенную в этой главе. Она должна быть только вашей и употребляться для созидательной визуализации только вами.

Если вы испытываете трудности с визуализацией образов, будет очень полезно задействовать силу высшей сущности посредством Техники приумножения.

Поскольку вам следует ежедневно выполнять упражнения подготовительного этапа, вы должны совершенствоваться в них во имя своей цели, чтобы подготовить себя к занятиям главным методом созидательной визуализации и Техникой приумножения и в совершенстве овладеть ими.

Глава восьмая

РИСКНИТЕ СТАТЬ СИЛЬНЫМ

Краткое содержание

1. Человек представляет собой гармоничное единство разума, тела и духа.

2. Упражнение на созидательную релаксацию является краеугольным камнем совершенствования внутренних способностей.

3. Методики созидательной визуализации можно использовать для тренировки памяти и в борьбе с вредными привычками.

Вполне возможно, что во время чтения этой книги у вас возникли определенные идеи и предположения, которыми мы и займемся сейчас. Например, вы хотите получить нечто, что поддается визуализации с большим трудом, — например, вы желаете найти в себе силы бросить курить, отказаться от спиртного, одержать победу над перееданием или же приучить себя рано вставать.

А может быть, посредством созидательной визуализации вы хотите получить сугубо материальные блага, так что постоянные упоминания высшей сущности могут несколько удивлять или даже смущать вас.

Впрочем, духовный или материальный характер вашей цели не играет никакой роли: человек является не просто телом, не просто духом: он сложное существо.

Для того чтобы успешно жить и действовать в материальном мире, вы должны призвать на помощь силу своего разума и духа.

А для того, чтобы жить полноценной жизнью духа и разума, они должны взаимодействовать с вашей телесной оболочкой.

Мы уже показали, что вы должны уметь вполне эффективно осуществлять созидательную визуализацию даже без упоминания какой бы то ни было высшей силы (независимо от того, как вы ее называете). Однако гораздо лучше было бы задействовать эту силу по следующим причинам. Во-первых, именно она является вашим источником благ и изобилия, и вы должны ощутить, что эта сила дружественна вам. Во-вторых, полезный эффект созидательной визуализации необходимо «закрепить», чтобы он оказался долговечным в материальном мире.

А прочно закрепить за собой все эти блага и достижения можно в том случае, если прибегнуть для их получения к силе высшей сущности, а также если без промедления и с пользой пустить их в дело.

Но здесь закономерно возникает следующий вопрос. Предположим, что некто достиг впечатляющих успехов в созидательной визуализации, и поток благ и приобретений, который он может «направить» к себе с ее помощью, сам по себе является безграничным. Но успеет ли, сможет ли человек употребить все это с пользой?

Этот вопрос очень и очень важен: ведь именно способность использовать вещь и является мерой или условием ее получения.

Следовательно, даже для того, чтобы постоянно улучшать свою жизнь в материальном мире, необходимо уметь открывать в себе новые способности, развивать уже раскрытый внутренний потенциал. И наоборот, если вы стремитесь в основном к тому, чтобы как можно полнее раскрыть свои скрытые способности, то для этого, в свою очередь, вам потребуются те или иные материальные средства — они поддержат ваше самовыражение, риск и эксперименты, посредством которых вы будете двигаться вперед.

Все наши предшествующие рассуждения приводят к этому же заключению. Неважно, имеют ли ваши основные потребности духовный или материальный характер, — ведь для самосовершенствования, для улучшения своей жизни необходимо постепенное объединение духовного и материального аспектов развития.

К настоящему моменту наша книга осветила следующие темы:

Главный метод созидательной визуализации, состоящий из упражнений подготовительного этапа и Техники зарядки цели.

Метод Звезды, который можно использовать вместо Техники зарядки цели.

Технику приумножения, которая не требует визуализации цели, но для которой нужно иметь приумножаемый предмет хотя бы в некотором количестве.

Созидательная релаксация

Созидательная релаксация должна служить основой для любой программы внутреннего развития, независимо от того, идет ли речь исключительно о развитии духа и разума, или об одновременном развитии физических и духовных свойств человека. К тому же, созидательная релаксация в том виде, в каком вы усвоили ее, включает в себя, помимо управления телом, непосредственное пожелание добра и здоровья каждой его части, именно в этом и заключается ее созидательный потенциал.

Никто, кроме вас, не может составить программу вашего внутреннего развития. Мы можем дать вам полезные советы, но ваши собственные потребности известны только вам и вы знаете свою внутреннюю сущность, как не знает ее никто другой.

Поэтому ежедневно занимайтесь созидательной релаксацией. Приведем такой пример: вы решили бросить курить. Лучший способ сделать это — твердо объявить самому себе: больше я не курю, ни за что и никогда, ни по какой причине, не испытывая ни малейших колебаний. (Подобное самовнушение действует и во множестве других ситуаций.) Если вы примените эту формулу в конце сеанса созидательной релаксации, — то есть внушите ее себе в состоянии внутренней гармонии и душевного покоя, — вы навсегда покончите с этой вредной привычкой. И это действительно стоит сделать — и забудьте даже думать о том, чтобы снова взяться за старое.

Однако если когда-то вы уже давали себе такое обещание, а затем усомнились в себе, пожалели о принятом решении и вернулись к старому, то на этот раз вы должны двигаться к своей цели поэтапно.

Вот три правила, которые вы должны соблюдать:

1. Ваше тело и ум должны все время быть заняты (но не перегружены) делом, которое вам интересно. Занять себя вам помогут упражнения подготовительного этапа — их задача состоит в том, чтобы эффективно отвлекать ваше внимание от психологических и физических симптомов воздержания от табака до тех пор, пока эти симптомы не

исчезнут. (Для очищения организма от никотина рекомендуется также прием специальных препаратов — впрочем, если ваша мотивация к отказу от курения действительно очень сильна, то они должны просто помочь вам в отказе от курения.)

2. Установите основную причину, побуждающую вас к курению (это может быть подражание кому-либо, стремление облегчить общение, привычка сопровождать сигаретой занятия сексом или прием пищи, обыкновение курить из опасения показаться необщительным или из боязни осуждения. Или, может быть, вы привыкли курить, чтобы облегчить себе принятие решений, а затем сохранили эту привычку невзирая на то, что она совершенно вам не помогала). Кроме того, установите все причины, по которым вам жаль отказываться от курения: это может быть чувство жалости к самому себе, нежелание отказывать другу или партнеру или просто навязчивая установка на то, что курение стало частью вашего образа жизни.

3. Выделите главную причину, по которой вы решили бросить курить. На данном этапе вы должны действовать совершенно сознательно; для своей же пользы не следует полагаться на пристрастия своей инстинктивно-эмоциональной сферы, чтобы у вас была возможность как следует подумать на эту тему. Однако когда настанет время действовать, вы можете ощутить, что инстинктивно-эмоциональная сфера не хочет слушать ваш рациональный довод, если вы разом обрушили на нее этот довод. Необходимо вынуждать ее к согласию постепенно (причем ваш довод должен иметь как можно более сильную эмоциональную подоплеку) и действовать так до тех пор,

пока вы не добьетесь успеха. Главной причиной отказа от курения может быть забота о здоровье или желание сберечь деньги; возможно, вы бросаете курить, поскольку убеждены, что курение не сочетается с естественным, здоровым образом жизни или потому, что ваш любимый человек не курит.

4. В следующий раз проводите сеанс созидательной релаксации как обычно, но на этот раз желайте добра и здоровья каждой части своего тела этими заботливыми словами:

Я забочусь о своем здоровье,
Я воистину люблю себя,
Я желаю добра, силы и благодати каждой части своего тела.

Продолжайте спокойно лежать, достигая после этих слов высшей степени блаженства от ощущения внутренней гармонии и, после небольшой паузы, введите в сознание следующую формулу. В зависимости от главной причины вашего отказа от курения она может быть, например, такой:

Мое тело много делает для меня,
мои нервы много делают для меня,
я не хочу отравлять их в ответ на это.

Или, предположим, такой:

Деньги — это возможность жить.
Что они должны мне дать?
Возможность жить.

Как бы то ни было, формула внушения должна отражать то, что для вас действительно важно. Она должна быть простой, поскольку это позволит ей прочно осесть в глубинных, бессознательных слоях психики.

5. После нескольких сеансов вы должны без особых проблем внушать себе более подробные и конкретные формулы, призванные помочь вам бросить курить. Если ваша эмоциональная природа спокойно «усвоит» их, тем лучше. Продолжайте внушать себе эти формулы около двух недель, чтобы убедиться в отсутствии сопротивления с ее стороны, после чего можно переходить к следующему этапу. В чем же может выражаться сопротивление со стороны эмоциональной сферы? Как правило, оно проявляется следующим образом: эмоции начинают «давить на вас» — усиливается эмоциональный посыл именно к тому, чего вы решили избегать (в нашем случае, к курению), причем этот посыл логически совершенно не обоснован. Подобное говорит о страхе эмоциональной сферы перед тем, что ее могут чего-то лишить.

Ваш рассудок, возможно, не имеет никаких сомнений относительно того, что курение для вас абсолютно бесполезно, однако ваша эмоциональная сфера может совершенно этого не понимать. Здесь вам приходится бороться со своей подсознательной сущностью, которой движут ее собственные «мотивы», имеющие не рассудочную, а эмоциональную природу. Ваша эмоциональная сфера может «полагать», что курение взрослит вас, придает вам вид процветающего человека или успокаивает нервы (правда, у заядлых курильщиков, напротив, часто трясутся руки, но подсознание по своей природе чуждо к разумным доводам). Услышав «протест» со стороны эмоциональной сфе-

154

ры, вернитесь к первому этапу и поправьте свою формулу внушения так, чтобы устранить причину этого протеста. Будьте терпеливым, но настойчивым, — как если бы вы воспитывали ребенка.

Если во время внушения той или иной формулы в процессе созидательной релаксации вам досаждает навязчивый образ или впечатление, запишите его. Возможно, таким путем нашло выход нечто важное для вашего подсознания или даже для сознания.

Уделяя внимание подобным вещам, можно установить, что наряду с уже известными вам эмоциональными побуждениями к курению, существуют и другие побуждения, о которых вам до сих пор ничего не было известно. Каждый знает о существовании у него подсознательной сферы, но иногда подсознание любит озадачить нас неожиданностью.

Итак, вы выявили все факторы, которые подталкивают к курению, и «обезвредили» их путем внимательного анализа с позиций вашей решимости бросить курить (делайте это без критики и осуждения — смотрите на подобные побуждения как на игрушки, которые вы переросли). Теперь вам предстоит заняться каждой ситуацией, в отдельности являющейся для вас стимулом к курению.

6. Последним этапом ваших ежедневных занятий должна стать визуализация подобной ситуации. Постарайтесь «вжиться» в нее, как можно более реалистично воссоздав ее в своем воображении, будь то совещание, отдых в баре с друзьями или любовные наслаждения, — с той лишь разницей, что курить в этой воображаемой реальности вы не будете. Вообразите, что когда вы не курите, то добиваетесь максимальных успехов. Представьте, что вы делаете только то, что вам нравится, за это вас уважают, и

вы неотразимы даже без таких устаревших трюков, как щелканье зажигалкой, — словом, представьте себе все то, что для вас важно.

Затем наполните себя светом высшей сущности.

Зарядите им визуализированный вами образ и благословите его; созерцайте его некоторое время, после чего позвольте ему раствориться.

Всегда уделяйте особое внимание процедуре зарядки образа светом. Следует продолжать ритмичное дыхание от первой до последней минуты созидательной релаксации, включая повторение формулы внушения и визуализацию образа. За несколько ритмичных дыхательных движений вы должны наполниться светом высшей сущности, продолжая созерцать мысленный образ самого себя, — бросившего курить, обновленного, счастливого и процветающего (так, как было описано выше).

Продолжая визуализацию, поместите этот радостный образ в белый круг; затем за то же количество вдохов и выдохов, которое потребовалось вам для ощущения света высшей сущности, позвольте ему покинуть вас и перейти в образ, который наполнится ярким белым свечением.

Продолжайте визуализировать этот сияющий образ, созерцая его на протяжении нескольких ритмичных вдохов и выдохов. И помните: вы зарядили образ светом и силой своей высшей сущности, она по-прежнему присутствует в вас, властно воздействуя на вашу эмоциональную сферу, влияя на импульсы подсознания.

Сейчас будет очень уместно обратиться к тому глубокому смыслу, который и делает Технику зарядки цели столь мощным средством в решении таких проблем, как отказ от курения.

Не забывайте следующее: свет высшей сущности является одновременно энергией, жизненной силой, любовью и благословением.

Сила порождает силу, а любовь порождает любовь. Поэтому вас, в вашем новом облике, окружающие будут не только больше уважать, но и сильнее любить, — вы станете привлекательнее. Но как убедиться в том, что это так? Как убедиться в том, что раньше вас любили не за ваши слабости или «неправильности»?

Все дело в том, что ваша истинная сущность на самом деле заслуживает куда больше любви, симпатии и уважения, чем любое из ваших «ненастоящих» обличий. Возможно, ваши самые близкие и дорогие люди не подозревают об этом — но это значит, что они еще не разглядели ваше будущее, ваш истинный облик. А разглядев, они без колебаний предпочтут именно его.

Так что рискните, станьте сильным, активным и достойным любви. Любите себя, прощайте себя и не ограничивайте свою свободу.

Создав этот новый, победоносный и торжествующий образ самого себя и приготовившись зарядить его светом высшей сущности, сделайте паузу, чтобы насладиться его созерцанием — то есть созерцанием самого себя.

Впереди у вас жизнь, которую вы будете строить по своему желанию, жизнь, наполненная энергией, любовью и благословением. Теперь приступите к зарядке образа энергией — воплотите его в реальность.

Выше мы подробно рассмотрели план действий по отказу от курения по той причине, что он может оказаться полезным для множества людей, и отчасти потому, что этот план легко приспособить и к ряду аналогичных индивидуальных потребностей.

Прежде чем перейти к другим проблемам, мы ответим на вопрос, который будет интересен множеству людей, чье желание расстаться с сигаретой (бросить пить, перестать лениться или гневаться) вызвано одним главным личным мотивом.

Такие люди обычно спрашивают: «Я люблю одного человека, а он или она меня не любит, или ненавидит (здесь возможны варианты). Из-за этой любви я хочу окончательно бросить курить (пить, и так далее). Поможет ли мне эта достаточно продолжительная процедура, о которой вы рассказали? Можно ли мне достичь цели более коротким путем? Способно ли мое чувство к этому человеку воодушевить меня на окончательный отказ от чего-то, что ему или ей так не нравится?».

Во-первых, как мы уже отмечали, процедура, описанная в этой главе, необязательно должна быть продолжительной. Есть люди, жизнь которых полностью изменяется уже после первого сеанса созидательной визуализации для достижения цели.

Впрочем, бывают и такие случаи, которые требуют дополнительных пояснений.

Возникает вопрос: каким же образом вам удалось полюбить человека, вкусы и пристрастия которого так разительно непохожи на ваши? И почему именно в этом вопросе вы решили уподобиться предмету своей любви?

Вот один возможный вариант: с вашей точки зрения, курение (возьмем для примера его) — это не самая важная проблема, однако для человека, которого вы любите, это очень важный вопрос, и общение с вами он ставит в зависимость от его решения. Откровенно говоря, вероятность успеха здесь не превышает пятидесяти процентов, потому что вы или действительно хотите бросить курить, или не хотите этого. Но ведь ни созидательная визуализация, ни какой-либо другой метод неспособны дать вам то, к чему у вас нет искреннего стремления.

Впрочем, есть и более благоприятный и обнадеживающий вариант: еще до того, как вы повстречали предмет своей любви, у вас появились какие-то, пусть и довольно слабые, побуждения в пользу этой новой точки зрения. Возможно, именно за подобные взгляды вы так привязались к этому человеку. Быть может, вы и сами смогли бы усвоить эти взгляды, если бы проявили больше настойчивости, а теперь пример любимого человека вдохновил вас настолько, что вы решили сделать еще одну попытку.

Тогда вам следует признать подобное положение дел и признать, что это ваше собственное желание, а не желание человека, которого вы любите и хотите угодить ему этой переменой (или, что еще хуже, расположение которого вы таким образом пытаетесь «купить»).

Признать это следует по ряду весомых причин. Главная из них, лежащая в основе созидательной визуализации, а также других систем самосовершенствования, состоит в следующем: вы должны понять, что важнее всего для вас стать как можно ближе к своей истинной сущности, а не воплощать представления окружающих о том, каким вам быть.

Созидательная визуализация для развития памяти

Можно ли улучшить память при помощи созидательной визуализации или созидательной релаксации?

Безусловно можно, если учесть при этом, что помимо физических, от вас потребуются интеллектуальные и духовные усилия (как и в случае, если вы решили сбросить вес или накачать мышцы).

Но что означает выражение «улучшить память»? Чего вы хотите достичь: уметь удерживать в памяти, например, свою торжественную речь, или условия Венской конвенции 1815 года, или запомнить наизусть монолог из трагедии Шекспира? А может быть вы хотите помнить, как называется эта штуковина на приборной панели, которую вы так и называете: «эта штуковина»? Или для вас важно не забывать о дне рождения тещи? Или же вы хотите избавиться от общей рассеянности и стать собраннее?

Прежде чем мы перейдем к укрепляющим память упражнениям в созидательной визуализации, давайте рассмотрим одну очень полезную методику. Естественно, улучшение памяти требует тренировки, однако вовсе не требуется упражняться на огромном количестве совершенно ненужного вам материала.

Вероятно, вам приходилось слышать о людях, у которых нарушается пищеварение, когда в их рационе не хватает клетчатки. Они потребляют достаточно белков, необходимых витаминов и минералов, но тем не менее их пищеварению для нормальной работы требуется дополнительное количество клетчатки. Памяти нужна аналогичная «клетчатка».

Преподаватели и педагоги, излагая материал, который необходимо запомнить, подчас делают ошибку. Они пытаются сократить этот материал, урезав его до таких объемов, запомнить которые обучающимся не составит никакого труда. Но подобный подход не способствует правильной работе памяти — ведь наша память может запомнить текст на всю жизнь, если его сопроводить привлекающими внимание «сигналами».

В этой роли могут выступать совершенно обычные вещи, причем никак не связанные с данной темой. Однако если ваше внимание привлечет предмет, тесно связанный с материалом, который вы хотите запомнить, это улучшит качество запоминания. Вы сможете не только тверже запомнить материал, но и лучше осознать его, так что понимание и запоминание будут стимулировать друг друга.

Кроме того, если ваша память даст сбой, вы будете располагать своеобразным «якорем». А если вы будете знать об этом, то вероятность таких сбоев уменьшится.

Что же касается, например, торжественной речи, то запоминать ее слово в слово вовсе необязательно. Скорее всего, вы решите вызубрить ее наизусть лишь в том случае, если у вас имеются самые серьезные опасения, что вы забудете текст.

Лучше выпишите на листок бумаги темы, которые вы собираетесь затронуть в своем выступлении, в порядке их следования. Рядом укажите причину того, почему та или иная тема так важна, почему она следует именно под этим номером, — убедитесь, что причины этого вы хорошо помните.

Теперь выучите список тем наизусть — а вот выучивать речь дословно не следует (конечно, кроме тех случаев, когда от вас требуется воспроизвести ее слово в слово).

Мы рекомендуем этот способ по той причине, что, избавившись от необходимости запоминать слова в строгой последовательности, вы застрахованы от ошибки забыть или спутать текст. Если вы поставили себя в зависимость от строгого порядка слов, и вдруг забыли фразу или предложение, то вы собьетесь с мысли, но если вы следуете списку тем, то легко сможете перейти к следующим вопросам, которые намеревались осветить.

Кроме того, есть и другая причина: допустим, вы подготовили речь определенной продолжительности в торжественном или же в развлекательном духе. Но что если время вашего выступления вдруг ограничат или если некие непредвиденные обстоятельства превратят развлекательное мероприятие в торжественное событие или наоборот? Легко ли вам будет перестроить свою речь, если вы способны воспроизвести ее лишь слово в слово?

В процессе ежедневных занятий созидательной релаксацией, когда вы лежите, полностью расслабившись и ритмично дыша, в состоянии абсолютного покоя и гармонии, представьте себе ситуацию, в которой вам предстоит выступить с речью. Возможно, в этот момент вам на ум придут какие-то законченные фразы, однако не пытайтесь вставить их в речь прямо сейчас. Пока что важнее всего для вас вызвать у себя ощущение того, что вы выступите благополучно, легко и успешно. Перечислите в уме положения своей речи в том порядке, в каком вы будете их развивать; если вы не можете вспомнить одну из них, не переживайте, — просто взгляните еще раз в свои записи, чтобы подобный сбой не произошел во время выступления. (Или, если вы не можете вспомнить порядок чередования тем, удостоверьтесь в том, что вы расположили их в своей речи достаточно логично. Может быть, их очередность лучше изменить?) Теперь зарядите мысленный образ своего выступления светом высшей сущности: воплотите его в реальность.

Но зачем тогда понадобилось воспроизводить основные пункты речи в порядке их очередности? Как правило, это делается не только для того, чтобы вы удостоверились в своей способности запоминать подобные вещи, — хотя и это может быть очень полезно тем, кому необходима правильная организация материала — например студентам.

Дело в том, что самый лучший, самый надежный способ удержать в памяти нужную информацию (будь то условия Венской конвенции или температуры плавления алюминиевых, медных и марганцевых сплавов) — это «оживить» ее и внедрить в свое сознание нужные образы. Например, отыщите на карте что-нибудь вроде «Шведской Померании» и установите, как распорядилась ею та держава, к которой эта область отошла по Венской конвенции. Или постарайтесь как можно более отчетливо увидеть, что означают различные части вашей диаграммы применительно к температурам плавления сплавов. Словом, создайте точный мысленный образ карты, кривой графика, сведений из книги или собственноручно составленной диаграммы и «проиграйте», оживите ее в своем воображении. Если предмет хотя бы немного интересен вам, эта задача будет вполне посильной.

Кроме того, не забывайте, что ваше сознание, воображение и мозг устроены и действуют по преимуществу так же, как и у других людей, которых увлекали подобные вещи.

Итак, в первую очередь необходимо ознакомиться с самим предметом запоминания — усвоить его смысл, а не словесное или численное воплощение. Затем нужно выполнить упражнение на расслабление, создать нужный мысленный образ, зарядить его (то есть вызвать его к жизни), а затем запомнить.

Теперь перейдем к монологу из трагедии Шекспира. Конечно, бывает и так, что необходимо запомнить строго определенные слова, которые ничем нельзя заменить. Однако и в этом случае вы значительно облегчите себе жизнь, если выделите в пьесе или каком другом произведении следующие взаимосвязанные составляющие: рассуждения и эмоции, взаимодействие персонажей и, затем, общий фон, породивший те или иные слова. Во-первых, подобное дробление облегчает запоминание, поскольку ваше сознание и эмоциональная сфера смогут воспринять обстановку быстрее, чем мозг будет запоминать механическую последовательность слов. Во-вторых, когда вы уясните для себя ход событий, текст в вашем сознании будет прочно закреплен определенными ассоциациями.

Поэтому вам нужно достигнуть состояния полного расслабления по методу созидательной релаксации и мысленно «пережить» всю последовательность событий, и/или логическую или эмоциональную взаимосвязь событий пьесы. Затем зарядите ее светом высшей сущности, поскольку, хотя вы не Шекспир и не Марк Антоний, именно вам предстоит успешно сыграть роль в пьесе. После этого можете приступать к выучиванию текста: теперь слова буквально «оживут» в вашем сознании.

Известно, что многие религиозные актеры, актрисы и танцоры перед спектаклем или выступлением призывали себе благословение особым, только им известным способом; затем они выходили на сцену и их исполнение роли или танца было невероятно одухотворенным. Зрители же самым естественным образом улавливали духовный посыл артиста и настраивались на него.

Если ваши проблемы с памятью обусловлены не сотрясением мозга, амнезией или иными расстройствами, требующими медицинского вмешательства, вероятнее всего, они вызваны элементарным «недугом», поражающим молодых и старых, образованных и необразованных людей — словом, всех, кто в какой-то степени имеет привычку размышлять. Корень подобных проблем (может быть, вы уже имели возможность это установить) — в привычке занимаясь одним делом, в то же время обдумывать другое.

Следовательно, вы недостаточно сосредотачиваетесь на том, о чем вам следовало бы думать в данный момент; соответственно, у вас не клеится дело, которым вы заняты.

Подобное поведение часто входит в привычку, поэтому единственным средством против него служит сосредоточенное воспитание у себя противоположной привычки: думая о чем-либо, нужно сосредотачиваться на предмете размышлений целиком и полностью. А если вы будете делать записи по следам своих размышлений, то скорее всего, вы едва ли сможете отвлечься в момент записи на что-то еще. Допустим, вы заняты каким-то физическим трудом, — в этом случае будьте предельно внимательны к тому, что вы делаете: если вы идете, постарайтесь увлечься и наслаждаться ходьбой, а если вы упаковываете что-нибудь, то ради пользы дела постарайтесь выполнять эту операцию с интересом и гордостью за свою работу. Если же вы беседуете с кем-то, убедитесь в том, что ваш собеседник сосредоточен на вашем разговоре так же, как и вы сами. Кроме того, не забывайте о ежедневных занятиях упражнениями подготовительного этапа и созидательной релаксацией. В конце каждого сеанса релаксации, когда вы совершенно расслаблены, постарайтесь визуализировать все события текущего дня; представьте себя позитивно настроенным и внимательным. Затем поместите этот мысленный образ в круг, зарядите его и, после созерцания, позвольте ему исчезнуть.

Обычно приучение себя к сосредоточенности не требует контактов с высшей сущностью, однако если вы решили прибегнуть к этому средству, пользоваться им следует по преимуществу так же, как и во всех предшествующих случаях.

Теперь давайте рассмотрим ситуацию, когда вы имеете дело с каким-либо устройством или прибором. В этом случае желательно знать предназначение каждой видимой его детали и понимать, какие функции выполняет та или иная кнопка приборной доски или клавиша клавиатуры. Для этого вам вовсе не понадобится разбирать механизм до последнего винтика: если вы освоите хотя бы самые основные функции различных устройств, их названия станут для вас самоочевидными — во всяком случае, проблем с их запоминанием не возникнет.

А когда вам понадобится произвести ремонт своего автомобиля, самолета, калькулятора или печатной машинки, на вашей стороне будет одно явное преимущество: вы сможете ясно и доходчиво объяснить мастеру, что именно вышло из строя. К тому же мастер сразу же признает в вас понимающего человека, который кое-что смыслит в технике, и решит, что она вышла из строя, скорее всего, не по вине пользователя.

Теперь обратимся к запоминанию дат дней рождения родственников. Вот где созидательная визуализация способна продемонстрировать себя во всем своем блеске и помочь вам разобраться с данной проблемой.

Многие поступают следующим образом: записывают даты рождения в особые ежедневники или записные книжки, после чего забывают о необходимости в них заглянуть.

А ведь главная беда здесь, бесспорно, заключается в том, что мы не увязываем в своем сознании важные даты с людьми, к которым они относятся. Впрочем, некоторым из нас запоминать подобные даты удается лучше, чем другим, по той причине, что они прочно связывают их с теми или иными сторонами своей собственной жизни, например, говоря себе: «Я никогда не забуду дату дня рождения тети Сюзи, потому что в этот день я обычно очень мерзну, если надеваю летнее платье». Или: «Как я могу забыть день рождения Джека — он ведь почти совпадает с Рождеством, и я всегда готовлю для Джека два подарка».

Но есть и куда более успешный и удачный способ прочно закрепить в памяти нужные даты — надо только выявить подлинную связь между определенным днем и человеком, который в этот день родился. Вам никогда не приходило в голову, что в этом вам может помочь астрология? Если вы обладаете хотя бы основными астрологическими познаниями, то скорее всего, вы сможете обойтись без наших дальнейших пояснений — каждый день календаря станет для вас поводом к проведению маленького исследования, результаты которого вы, скорее всего, никогда не забудете. А тех, для кого подобная идея в диковинку, мы заверим, что им не придется совершать слишком глубокие погружения в эту увлекательную и поистине безграничную область.

Давайте начнем с самых основ: вам понадобится какое-нибудь надежное описание знаков Зодиака, которое также разъяснит вам всю важность влияния планет на судьбу человека. Чем более полным и подробным будет это издание, тем лучше.

Ограничившись даже одним описанием характеров знаков Зодиака, вы неизменно обнаружите, что часть этих описаний настолько соответствует характерам знакомым вам людям, будто книгу писали именно про них. В то же время другие портреты окажутся лишь наполовину верными или будут иметь крайне незначительное сходство со своими «прототипами». Дело здесь в том, что знак Зодиака никогда не является единственным фактором, влияющим на судьбу человека, которая может в различной степени определяться и другими влиятельными силами.

Множество людей избрало астрологию своим хобби по той причине, что она позволяет им удовлетворить свое любопытство вкупе с неизменной человеческой тягой к поиску, и результаты их астрологических изысканий подтверждают действенность одного положения астрологии за другим.

В «астрологическом» методе запоминания важнее всего обеспечить память «зацепкой» для каждой даты. А когда вы прочно увяжете в сознании человека с его днем рождения, вы никогда не забудете нужную дату.

Если у вас есть склонность к поэзии, вы можете даже зарифмовать свои находки. (Однако в большинстве случаев лучше не читать эти стихи виновнику торжества, даже если вами двигали самые добрые намерения.) Необязательно создавать поэтические шедевры — просто рифма является старым и проверенным средством для облегчения запоминания.

Теперь мы приступаем к совмещению астрологических изысканий с методом созидательной визуализации. Кроме того, обладая даже небольшими астрологическими познаниями, вы сможете сделать свои поздравления куда более разнообразными по сравнению с симпатичными открытками (хотя, конечно, получать открытки тоже бывает приятно).

Помните ли вы описанные в шестой главе способы предсказания будущего, которые можно использовать и в сочетании с созидательной визуализацией для получения благотворного результата? (Советуем вам освежить в памяти эту главу, прежде чем продолжить чтение.)

Так же, как и при работе с гадательными техниками, с астрологической символикой не следует производить никаких сложных операций, прежде чем вы до конца не освоитесь в этой области. Однако астрология и техники гадания схожи не во всем.

Астрологические символы сами по себе не обладают никакой силой, в отличие, например, от гексаграмм книги «И Цзин». Их сила и возможности не выходят за пределы представлений, свойственных той или иной культуре. Поэтому, если у вас сильно развита способность к визуализации и вы решите не усложнять работу с астрологическими символами, с их помощью можно оказать на кого-либо сильное благотворное воздействие даже прежде, чем вы усовершенствуете свои познания в астрологии. Однако для этого вам не обойтись без упражнений подготовительного этапа.

Большинство людей считает, что их знак Зодиака «приносит им удачу», и в конце концов знак действительно начинает приносить удачу своему обладателю, который «сливается» с ним столь же естественно, как рыба с водой или птица с небом. Следовательно, будет очень полезно в чей-нибудь день рождения визуализировать знак Зодиака родившегося в этот день человека (или символ планеты-правителя, дополненный ее главным свойством: для Юпитера это — «процветание», для Сатурна — «стабильность» и так далее) и зарядить его энергией своего благословения.

Этих сведений вам будет вполне достаточно, если вы не слишком сведущи в астрологии; теперь можно визуализировать знак Зодиака или символ планеты над головой человека, родившегося в тот или иной день, поместить образ в белый круг и зарядить светом высшей сущности, после чего отправить его как благословение тому, кому он адресован. Если же вы решили применить эту технику, например, к таким событиям, как свадьба или юбилей, вам потребуется изучить астрологию несколько более основательно.

ВЫВОДЫ

Необходимо ежедневно заниматься созидательной релаксацией, чтобы с ее помощью готовить себя к внутреннему самораскрытию посредством созидательной визуализации.

Если вы решили отказаться от вредной привычки, например бросить курить:

1. Следует постоянно занимать себя физической или умственной деятельностью: в этом вам помогут упражнения подготовительного этапа.

2. Определите главную причину, которая мешает вам расстаться с вредной привычкой.

3. Определите свою главную мотивацию для отказа от вредной привычки.

4. Придумайте простую, но вдохновляющую и эмоционально окрашенную общую формулу внушения, стимулирующую в вас стремление к отказу от вредной привычки, и повторяйте ее по окончании упражнения на релаксацию.

5. После нескольких сеансов расслабления с самовнушением введите простую, но уже конкретную формулу внушения (вдохновляющую и эмоционально окрашенную), помогающую вам отказаться от вредной привычки. Если ваша эмоциональная сфера сопротивляется ей и «подталкивает» вас к вредной привычке, определите, чем это обусловлено. Вероятно, для этого вам понадобится проанализировать посещающие вас мысли и зрительные образы.

6. Устранив сопротивление со стороны эмоциональной сферы, на завершающем этапе упражнения на релаксацию продумайте и визуализируйте типичную ситуацию, побуждавшую вас поддаться вредной привычке. Мысленно «переживите» ее с помощью визуализации, но при этом

не поддавайтесь привычке. Одержав эту победу над собой, зарядите мысленный образ светом высшей сущности.

Если вы хотите улучшить память, вам не следует думать об одном деле в тот момент, когда вы занимаетесь другим. Чтобы запомнить те или иные сведения, ознакомьтесь с их смыслом или значением — обеспечьте свою память материалом, над которым ей придется потрудиться.

Чтобы запомнить даты дней рождений близких вам людей или другие важные даты, воспользуйтесь начальными астрологическими сведениями — наделите каждую дату определенным значением.

Для работы с астрологическими символами своих друзей и близких используйте гадательные техники, описанные в шестой главе, не для предсказания, а для создания будущего (для этого вам потребуются упражнения подготовительного этапа).

ПРИЛОЖЕНИЕ 1

КАК ЗАВЕРШИТЬ ПРОГРАММУ СОЗИДАТЕЛЬНОЙ ВИЗУАЛИЗАЦИИ

Иногда возникает необходимость завершить программу созидательной визуализации — например в случае, если вы достигли итоговой цели или если избыточное количество тех или иных благ грозит оказать неблагоприятное воздействие. В подобных случаях необходимо «разрушить» и устранить созданный ранее мысленный образ.

Если вы стремитесь повысить эффективность общения, созидательная визуализация может оказаться очень полезной. Она объединяет различные уровни существования человека (физический, инстинктивный, эмоциональный, интеллектуальный и духовный), так что человек получает возможность выразить свою идею на всех этих уровнях. В этом случае общение осуществляется через непосредственную связь освещенных светом высшей сущности интеллектуальных, эмоциональных, физических и иных планов участников общения.

Вы имеете естественное право использовать созидательную визуализацию для удовлетворения своих потребностей — тем самым вы заботитесь о себе, совершенствуя свои естественные способности и никому не причиняя вреда. Осознав и постигнув принципы созидательной визуализации, вы также научитесь избегать неосознанного управления ходом событий посредством негативных эмоций. Однако достичь прочных результатов в визуализации можно только в том случае, если действовать заодно с энергией высшей сущности и погрузившись в нее.

Теперь давайте зададимся таким вопросом: как можно свернуть программу созидательной визуализации, если вы уже получили те или иные блага в достаточном количестве? Можно вспомнить старую сказку о мальчике-слуге, обнаружившем у своего хозяина волшебную мельницу, которая умела молоть не только кофе или перец, но и золото, дорогие ткани и все, что «заказывал» ее владелец. Однажды мальчик, обедая, увидел, что у него кончилась соль, приказал мельнице намолоть соли, а когда она намолола ее полный дом, он отнес меленку к морю и бросил в воду, где она исправно мелет соль и по сей день.

Различные сказки о волшебных мельницах, лампах, кошельках или котлах, дарующих изобилие, есть отражение образа бесконечного изобилия, которое нисходит к нам от высшей сущности, если нам удается получить к нему доступ. Так можно ли желать того, чтобы лишиться этого изобилия?

Главная проблема (если, конечно, здесь кроется проблема) заключается в следующем. Все условия для того, чтобы к нам текли богатства Вселенной, создает наша инстинктивно-эмоциональная сфера, а не сознание и не разум. Разум лишь решает, что и в каком количестве нам требуется, и если инстинктам и эмоциям удается услышать его голос, то все идет своим чередом. Но в силу некоего тайного страха они могут взять управление потоком благ в свои руки.

Подобное поведение было у мифического царя Мидаса: как гласит миф, у него выросли ослиные уши, в чем видели проявление низких инстинктов и эмоций. Согласно другому мифу, Мидас однажды пожелал обладать даром обращать все, чего бы он ни касался, в золото, в итоге умер от голода посреди золотых блюд с золотыми яствами.

Подобные ошибки вполне характерны для сферы инстинктов и эмоций. Давайте вспомним здесь и о лосях с гигантскими рогами, о которых мы рассказали в третьей главе.

Конечно, если вашу инстинктивно-эмоциональную сферу будет постоянно обуревать желание крепкого здоровья, счастья, процветания и успеха, вы получите от этого только пользу. А вот более специфические желания подчас могут исполняться и тогда, когда в них уже не будет потребности, но вот результат будет уже не в вашу пользу.

Например, некий робкий молодой человек пожелает способности привлекать к себе девушек, причем так, чтобы ему не надо было делать первый шаг. На некоторое время он добьется желаемого результата, но если ему не будет покоя от девушек и дальше, когда он женится и станет отцом, это станет источником серьезного беспокойства для него самого и для его семьи. Истории об изобилии, которое не пошло впрок своему обладателю, не раз имели место в действительности.

Приведем один пример такого изобилия — в буквальном смысле слова.

Некая молодая женщина, которая была несчастлива в браке, решила, как это часто бывает, найти утешения в добывании денег. Здесь перед ней открывалось даже несколько возможностей. Она не только развила свои способности, но и обладала от природы высоким интеллектом. Кроме того, еще до замужества она работала секретаршей у финансового директора одной крупной корпорации, так что в области своего нового хобби она была осведомлена куда лучше, чем многие желающие разбогатеть. Она обучилась созидательной визуализации, поскольку чувствовала, что в этой области у нее есть особые преимущества, и за несколько лет сумела «сколотить» себе внушительное состояние.

В уже немолодом возрасте эта женщина была более чем обеспечена — могла ни в чем себе не отказывать и спокойно встретить преклонные годы, поэтому она решила отойти от дел. Но увы, после череды смертей и раздоров в семье этой женщины ее состояние выросло еще больше, хотя в этих новых доходах она уже не нуждалась. Затем наша героиня приобрела особняк, имевший историческую ценность, в заповедном уголке страны и изрядный участок земли. Она привела особняк в порядок, сохранив его старомодное очарование, и в этой глуши решила провести остаток своих лет. Сначала она погрузилась в не слишком оживленное общение со своими соседями, но вскоре с беспокойством заметила одну подозрительную вещь: стоило ей только поучаствовать в какой-нибудь местной, благотворительной лотерее, как она неизменно выигрывала крупный приз. Выигранные суммы она вновь жертвовала на благотворительность, но дело было сделано: женщина лишилась покоя.

Вскоре поблизости была построена база военно-воздушных сил, и это событие, которое, казалось бы, никак не угрожало мирному существованию нашей героини, очень заинтересовало ее. Однако через несколько лет мимо ее владений было проложено крупное шоссе, связывающее стремительно разрастающуюся базу с ближайшим городом. Вскоре участки, граничащие с этим шоссе, были раскуплены торговцами недвижимостью, и застроены домами и магазинами, а затем и заводами — словом, облик всей округи коренным образом преобразился. Она обратилась с жалобой к властям, но в ответ получила лишь поздравления с тем, что и ее земля тоже возросла в цене. Эта женщина кончила тем, что потеряв друзей и родных, лишившись тихого уединения, осталась наедине с все возрастающими прибылями, которые, однако, больше не интересовали ее; вскоре она распродала всю свою собственность и отправилась в фешенебельный дом престарелых.

В чем состояла ошибка этой женщины? В том, что она хотела, чтобы деньги заменили ей любовь, в то время как ей следовало видеть в них лишь средство к жизни, символ жизненных возможностей.

В этом и крылась ошибка. Ведь ничто не способно заменить любовь.

К счастью, подобной замены для любви ищут не все. Каждый человек, даже тот, кто больше других склонен к уединению, может и должен помнить о том, что любовь необходимо как получать, так и отдавать. Наше стремление делиться любовью (отдавая ее людям или предметам), всегда больше, чем наша потребность в любви. Ведь чем больше любви мы отдаем другим существам, тем больше божественной любви приходит в нашу жизнь взамен. Но если вместо любви мы хотим получить другое возмещение за свою любовь, то начинаем нуждаться во все больших количествах этого «заменителя», поскольку ничто не способно заменить любовь, будь то деньги или вещи, пища или напитки, слава или даже секс.

Поэтому женщина, историю которой мы рассказали выше, даже устав от прибылей и убедившись в середине жизни, что больше не нуждается в деньгах, не могла заставить свою инстинктивно-эмоциональную природу остановиться: та продолжала выполнять свою привычную «программу», в которой, впрочем, уже не было никакой нужды. Последствия этого оказались столь же губительными, как и для мифического царя Мидаса или доисторических ирландских лосей.

Мадам Дэвид-Нейл, знаменитая путешественница, чье мистическое учение стало памятником обучавшим ее тибетским монахам-буддистам, однажды во время практических занятий сделала из астрального вещества фигуру монаха в полный рост. Сначала этот «рукотворный» монах выглядел вполне добрым и благосклонным, как она и замышляла, но через некоторое время его облик стал зловещим и угрожающим. Мадам Дэвид-Нейл знала, что подобные объекты, будучи предоставлены сами себе, обращаются ко злу, и она, послушавшись совета, который был дан ей, рассеяла астральное вещество.

Конечно, в этом случае действовали и другие факторы, рассмотрение которых выходит за рамки нашей книги. Однако приведенный пример перекликается с рассматриваемым нами вопросом в одном: по мнению мадам Дэвид-Нейл, образ, визуализированный и рожденный для благих дел, будучи оставлен без дела, выходит из-под контроля и начинает угрожать своему создателю, может даже причинять ему вред. Его можно остановить, лишь рассеяв и уничтожив созданный образ.

С образами, созданными посредством созидательной визуализации, дело обстоит точно так же, за исключением того, что образ, ненужный больше своему создателю, исчезает сам по себе: наша эмоционально-инстинктивная сущность сама «заменит» его тем образом, который оказался востребован нашим сознанием. Однако если сознание ни к чему не стремится или же стремится к чему-то недостаточно сильно для того, чтобы отвлечь бессознательные слои психики от укоренившегося в них эмоционально окрашенного образа (возможно, усвоенного много лет назад), то необходимо принимать более серьезные меры.

Если вы усомнились в дальнейшей полезности созданного вами образа, предлагаем вам очень простой и действенный метод.

Сначала нужно визуализировать образ, от которого вы собираетесь избавиться. Но если раньше вы помещали его в белый круг, то теперь его следует окружить белой линией, но не заряжать. Затем усилием воли необходимо раздробить этот образ, разделить его на несколько частей, превратив в скопление ненужных «обломков». После этого фрагменты образа нужно как бы «втянуть» обратно в ту же точку, расположенную в середине лба, в которой и зарождаются образы для визуализации. Когда образ таким образом «втянут», он должен раствориться в вас, словно вода, вливающаяся в океан. (Тем самым вы всего лишь разрушаете образ астрального плана, созданный вашей душой и уничтожаемый ею же, и не причиняете вреда ни одному живому существу или предмету.)

Применительно к данной цели этот способ можно и не пояснять примерами. Однако он может быть очень эффективен и в том случае, если вам потребуется избавиться от негативных астральных образований, и на этом вопросе мы остановимся подробнее.

У одной девочки была злобная и завистливая двоюродная старшая сестра, которая, чтобы запугать ее, обращалась к сверхъестественным силам и, вполне возможно, пыталась наложить на нее проклятие. Когда девочка выросла в симпатичную девушку, с ней случилось нервное расстройство, которое серьезно осложнило ее жизнь. Девушка была уверена в том, что расстройство явилось результатом наложенного сестрой проклятья, и объясняла это так: «Всякий раз, когда я закрываю глаза, я вижу, что она на меня смотрит».

Девушке оказали помощь, разъяснив, что каждый человек по своей подлинной природе является существом любящим и достойным любви, что ее сестра, введенная в заблуждения своими злыми эмоциями, создала образ своей ненависти и, проникнув через защитную оболочку ауры девушки, поместила этот образ в ее душу. Теперь девушке нужно было визуализировать образ этой злобы и изгнать его из себя, сказав при этом вслух: «Этот образ — не образ моей сестры, которая по природе своей — любящий и любимый человек; это ее обманчивое подобие, и я навсегда уничтожаю его». Затем, прибегнув к визуализации, девушка раздробила созданный образ, и зная, что он является лишь частью ее астральной сущности, «втянула» его в себя, и после этого направила свое благословение сестре.

Для того чтобы глубинные слои психики этой девушки смогли избавиться от страха, заложенного в них еще в детстве, потребовалось повторить сеанс, и это возымело действие — нервное расстройство исчезло.

ПРИЛОЖЕНИЕ 2

КАК ПОКАЗАТЬ ДРУГИМ ЛЮДЯМ СОЗДАННЫЙ ВАМИ ОБРАЗ

Предположим, вы стремитесь к тому, чтобы люди узнали то, что знаете вы, прониклись вашей верой, пониманием или видением того или иного вопроса, причем вы хотите, чтобы они руководствовались в своих действиях именно тем, что они узнают, увидят, поймут, и тем, во что они поверят.

Вы хотите, чтобы это достигалось не одномоментным чудом, а постоянным воздействием с вашей стороны.

И этого вполне можно добиться. Но давайте начнем с самого начала. Если вы учитель, проповедник, политик или адвокат, если вы работаете лектором, продавцом; если ваша работа состоит в том, чтобы убеждать и демонстрировать, то частые занятия созидательной релаксацией являются для вас необходимостью.

Если же у вас какой-то иной род занятий, то и в этом случае вам тоже будет полезно читать дальше. Возможно, полученные знания помогут вам добиться профессионального признания или объяснить детям требования, которые вы к ним предъявляете. Вместе с тем, это приложение специально адресовано тем, для кого общение является частью профессии, поскольку созидательная релаксация способна принести неоценимую пользу при решении проблем общения.

Итак, какой способ преподносить идеи и убеждения является наиболее убедительным? Для этого необходимо часто заниматься созидательной релаксацией, и не только потому, что полностью расслабившись на последнем ее этапе, вы можете успешно промыслить тот или иной материал. Было бы очень полезно наряду с этим провести несколько сеансов созидательной релаксации без всякой визуализации и без общения со своим телом (минимум по одному сеансу в неделю, или даже больше, если вы можете себе это позволить).

Но прежде, чем мы перейдем к тому, что вам следует делать, скажем несколько слов об укрепляющем, оживляющем и объединяющем воздействии созидательной релаксации на личность человека.

Тот, кто передает сообщение, не должен вставать между этим сообщением и тем, кому оно адресовано. Однако, как это ни парадоксально, если вестник вовсе действовал не так, как следовало, может случиться примерно следующее.

Рассмотрим в качестве примера такой крайний случай. Некий молодой человек, считавшийся совершенно безупречным, проходил обучение, чтобы занять ответственный пост при правительстве. Однажды ему дали поручение, не имевшее никакого отношения к его работе: попросили вручить довольно скромную сумму денег одному чиновнику, с которым он, по воле случая, не был знаком.

Этого чиновника молодой человек застал за телефонным разговором, что повергло его в нерешительность: не зная, что делать, он стал ловить взгляд чиновника и, решив, что его наконец заметили, положил деньги на стол и вернулся к своим делам. Через некоторое время человек, передавший деньги, решил удостовериться в том, что они были доставлены по адресу. Но то ли чиновник был рассеян и, убрав деньги, забыл о них, то ли он завалил их бумагами, то ли кто-то еще переложил эти деньги, однако никто не знал, куда они делись, а когда молодой практикант сообщил, что принес их и положил на стол, этого также никто не смог подтвердить.

Молодого человека ни в чем нельзя было уличить, однако в скором времени он совершенно лишился прежнего доверия. В чем была его ошибка? Он проявил застенчивость и небрежность, и его задача осталась невыполненной.

Безусловно, науку общения вы уже освоили. Вы специально обучались тому, как нужно ясно, действенно и убедительно выражать свои мысли. Но какую пользу это приносит вам?

Множество людей часто бывает вынуждено испытывать воздействие со стороны других людей, умеющих выражать свои мысли и чувства ясно, действенно и убедительно. Поэтому год от года люди учатся все больше «отсеивать» то, что они видят и слышат.

Возможно, вы являетесь опытным оратором, но вероятнее всего, ваша публика не слишком хорошо умеет слушать, конечно, если вы не читаете лекции в университете (но в этом случае и другие опытные ораторы в равной степени будут претендовать на внимание слушателей).

Поэтому для того, чтобы объединить все планы своей личности — физический, инстинктивный, эмоциональный, интеллектуальный и духовный, — вам необходима созидательная релаксация, чтобы передаваемая вами информация достигала цели.

Если ваш посыл позитивен, вы сами должны быть позитивны.

Если ваш посыл динамичен, вы сами должны быть динамичны.

Так что вскоре вы осознаете: созидательная релаксация — лишь начало вашего пути к цели, но это начало необходимо.

182

Имея своей целью передачу информации, вы должны обладать крепким здоровьем, энергией, магнетизмом. Проявив холодность или надменность, вы сразу же сделаете свой посыл таким же холодным и надменным.

Как мы уже замечали, сегодня многие люди, явно уставшие от пустых требований и предположений, звучащих на каждом шагу, подчас склонны игнорировать даже самые очевидные доводы разума. Однако им не так легко сделать столь же невосприимчивыми свои инстинкты, эмоции и все то, что отвечает за подсознательное восприятие.

Поэтому далее мы обратимся к ряду довольно важных соображений, связанных с механизмом и этикой предлагаемого нами метода убеждения.

Итак, вы хотите, чтобы ваши рациональные доводы были восприняты столь же рационально; вы хотите, чтобы ваши слушатели были рады тому, что их ум воспринял и осознал предложенную вами информацию. Однако информация может быть усвоена разумом лишь в том случае, если она воспринята со вниманием. Но как можно добиться того, чтобы слушатели «включили» свое внимание?

Оно «включится», если ваши инстинкты, эмоции и механизмы подсознательного восприятия будут работать на этот результат заодно с разумом и вашим физическим присутствием перед слушателями, — если интеллектуальный, эмоциональный, инстинктивный и прочие планы личности у вас и вашей аудитории будут «настроены» друг на друга.

Кроме того, сообщаемая информация должна быть заряжена светом высшей сущности. В этом случае посыл становится столь сильным, что это не может вызвать вопроса об этической стороне подобного воздействия.

Конечно, и нам самим при написании книги необходимо было удостовериться в том, что давая в руки людям столь сильное средство воздействия, мы не преступаем этических норм. А написать книгу по созидательной визуализации без этого приложения означало бы снабдить читателя не до конца понятной и полной информацией.

Некоторые авторы, которым приходилось иметь дело с аналогичной тематикой, знали о ней так мало, что проблем этического свойства просто не возникало. В других случаях авторы стремились обойти эту проблему, «зашифровывая» свои знания при помощи намеков и загадок, или же передавая их на мертвых языках, как будто латынь и древнегреческий, наряду с несложным «шифрованием», могли остановить пытливых читателей в их поисках истины.

Ведь защитить подобными средствами столь мощные силы нельзя. В первую очередь, необходимо отметить, что использование подобных сил для переубеждения людей, с целью заставить их приобрести ваш товар, вступить в вашу организацию или проникнуться вашим мнением, является нарушением этических норм. Другими словами, если человек согласился внимательно вас выслушать и, несмотря на это, не отказался от своего взвешенного суждения, которое противоречит вашему, вы можете, если вам позволяют время или обстоятельства, продолжить дискуссию и попытаться переубедить его, но вместе с тем вы не должны делать ничего, что побудило бы оппонента думать или действовать наперекор его собственному мнению.

Очень часто это правило всего лишь вытекает из необходимого требования успешной созидательной визуализации: не следует искать источник благ в материальном мире.

184

Давайте рассмотрим это на примере продавца, который прибегнул к созидательной визуализации для того, чтобы добиться как можно более высоких комиссионных. Подобный шаг сам по себе является довольно верным. Продавец правильно поступает и тогда, когда визуализирует свою цель в следующем виде: он работает, что есть сил, чтобы добиться высокого объема продаж. Однако ему не следовало бы создавать мысленный образ клиента, на котором он должен заработать.

Ведь этот потенциальный клиент может иметь достаточно веские причины и для того, чтобы воздержаться от покупок. Допустим, женщина, привыкшая тратить внушительные суммы денег на покупку нарядов, получает неутешительные известия о состоянии своего счета, так что теперь она вынуждена экономить.

Сначала это известие сильно огорчает ее — тем более, что она нуждается в новом платье. Эта женщина ничего не знала о созидательной визуализации, однако изобретательности ей было не занимать: она решила отправиться в один из самых лучших и дорогих магазинов, которые она предпочитала. Там она могла погрузиться в привычную атмосферу роскоши, выпить, несмотря ни на что, чашечку кофе и примерить несколько платьев. Примерка подсказала бы ей, какие из модных новинок идут ей больше всего, после чего она отправилась бы разыскивать их в менее дорогих магазинах, расположенных в другом районе: в магазине, куда она собиралась теперь, ее обычно никогда не торопили с покупкой.

Однако на этот раз стоило ей только приступить к обзору платьев, как к ней приблизилась молодая продавщица, с недвусмысленной целью навязать клиентке покупку. Женщина ответила ей, что не собирается торопиться с приобретением и желает лишь посмотреть на ассортимент, так как хочет сначала купить пальто, и только потом подыскивать под него платье.

«К нам только что поступила новая коллекция пальто, — ответила продавщица, — взгляните на них, они действительно очень хороши».

Окинув взглядом наряд посетительницы, продавщица решила, что клиентка сделает дорогостоящие приобретения, с которых ей самой перепадут солидные комиссионные.

Продавщица была так настойчива, что вскоре клиентка, которая в данный момент не могла позволить себе купить в этом магазине даже шарф, уже надела дорогое платье, сшитое словно на нее, роскошное пальто, изящные туфли и, в дополнение к этому наряду, примеряла шляпку, сумочку, шарф и перчатки.

«Вы только посмотрите, как прекрасно вы выглядите в этом», — проворковала продавщица.

«Но сегодня я не могу ничего купить. Я только хотела присмотреться и, кроме того, я не захватила с собой чековой книжки», — ответила ее жертва, которая уже не на шутку встревожилась.

В этот момент продавщица подумала о дорогой и модной одежде, которую она видела на клиентке в примерочной, и быстро приняла решение.

«Пройдемте сюда», — шепотом сказал она и отвела женщину за ширму, где находился столик с письменными принадлежностями, после чего достала незаполненную чековую книжку.

«На какой банк выписывать чек?» — спросила она.

Клиентка поняла, что у нее остался только один выход — спастись бегством. «Здесь очень жарко, — вскрикнула она, — мне дурно, мне нужно на воздух!»

С этими словами она бросилась в примерочную, быстро сняла перчатки, шарф, шляпку и пальто, набросила на себя свое пальто, схватила свою сумочку и бросилась к выходу. С удивлением досмотрев эту сцену, продавщица вскоре осознала, что клиентка оставила ей платье и туфли, в которых пришла, а ушла в том платье и тех туфлях, которые продавщица чуть ли не силой заставила ее примерить. Все, что ей оставалось, — это доложить о случившемся управляющему, хотя «похитительница» так и не вернулась, — ее пугала одна мысль о возвращении «украденного».

Эта история в действительности имела место. Но иногда все оборачивается еще хуже, и полученные таким путем подписи на чеках приводили к банкротствам и самоубийствам. Бывало и так, что в итоге в тупик заходила жизнь людей, взявших «фальстарт» в религии или образовании.

Разве можно, зная о таких последствиях, делать всеобщим достоянием столь сильное средство убеждения?

Ответ прост. Ни для кого не секрет, что человек, по ошибке или из жадности создавший всего один астральный образ, способен причинить вред другим людям. К несчастью, подобное случается сплошь и рядом, причем независимо от того, знакомы ли люди с техникой созидательной визуализации, или нет. Впрочем, досконально овладеть этой техникой стремятся немногие. Люди, которые оказывают неуместное, или даже недостойное давление на других при помощи астральных образов, могут на некоторое время получить выгоду в виде суммы денег или престижа, но могут и не получить ее: им приходится постоянно балансировать между успехом и провалом. Духовный план не гарантирует им достижение их цели, а вот негативные перемены, которые их настигают, часто бывают быстрыми, неожиданными и окончательными.

Вы лишь тогда сможете успешно призвать на помощь высшую сущность (и тем самым обеспечить долговечность своих достижений), когда достижение поставленной цели не идет наперекор совести. В пятой главе мы уже говорили о том, что совесть является частью вашей низшей сущности, которая, тем не менее, способна воспрепятствовать вашему контакту с высшей сущностью. И поверьте, она непременно сделает это, если человек злоупотребляет описанными нами методами.

Таким образом, мы можем оставить в стороне негативные последствия визуализации и перейти к последствиям позитивным, вдохновляющим и прекрасным.

Итак, вы убеждены, что способны принести окружающим благополучие и счастье посредством обретенных вами интеллектуальных, духовных или материальных благ. Возможно, в этом случае речь пойдет и об улучшении вашего собственного благосостояния. (Это — лишь общее правило, которое действует независимо от уровня жизни человека.)

Но для того, чтобы принести окружающим (да и себе самому) реальную пользу, необходимо сделать так, чтобы они смогли увидеть и оценить ту пользу, которую вы собираетесь им принести.

При помощи частых занятий созидательной релаксацией вы сможете достичь особенно эффективного общения. Вам нужно лишь сформулировать свой посыл и зарядить его — это можно сделать также при помощи созидательной визуализации, — воспользуйтесь тем методом, который покажется вам наилучшим.

Если вы решите прибегнуть к созидательной релаксации, то зарядка образа, конечно, должна проводиться в конце сеанса, когда вы совершенно расслабитесь. В сущности, для результата не будет никакой разницы, лежите вы или сидите. И в том, и другом случае следует уделять особое внимание ритмичному дыханию — оно оказывает сильнейшее влияние на осуществление связи астрального и материального планов.

Последовательно проговаривайте в мыслях то, что вы хотите сообщить, самым привлекательным, доходчивым и выгодным образом, так, чтобы привлечь внимание аудитории; делайте это, как если бы вы общались с живыми людьми.

Теперь визуализируйте свой посыл таким, каким вы бы хотели показать его другим людям (неважно, если на данном этапе этот образ видится вам слишком ярким, сильным или насыщенным). Для того, чтобы проникнуть в эмоциональную сферу своих слушателей, вам придется поработать со своей собственной эмоциональной сферой, а это далеко не то же самое, что воздействие на разум.

Визуализированный образ должен впечатлить вас. Не стоит стесняться или бояться сильно впечатлиться: восторгайтесь увиденному, радуйтесь ему. Почувствуйте, сколько добра способна принести ваша цель, — и сколько она действительно принесет. Постарайтесь увидеть, словно наяву, все те положительные качества своей идеи, которые вы только что перечислили в уме.

Теперь вообразите себе людей, слушающих вас; вы демонстрируете им свой образ, и они верят ему, осознавая всю его полезность.

После этого окружите главный объект своего образа белой линией и зарядите его светом высшей сущности по любому из двух методов, описанных в четвертой главе, чтобы образ в рамках белого круга излучал сияние. Пусть воображенные вами люди созерцают его вместе с вами; этот образ должен выглядеть великолепным, желанным и ублаготворяющим. Если смысл этого образа можно описать одной короткой фразой, произнесите ее вслух. Затем позвольте образу постепенно исчезнуть из вашего умственного взора.

Когда вы успешно осуществите эту визуализацию несколько раз, то сформируете в астральном мире определенный образ (поэтому образ, который вы создали, не следует изменять). Кроме того, вы четко запечатлеете этот образ на своем астральном теле, и следовательно, в своей эмоциональной сфере. Теперь вы не просто создали образ в астральном мире, но и установили прочную связь с ним.

Насыщая этот образ светом высшей сущности, вы делаете его долговечным, сохраняя его от искажений и изменений (такое случается иногда с астральными образами). Теперь любой человек, у которого развита способность к ясновидению, немедленно увидит этот образ и распознает в нем предмет или сцену (которые и заложены в этом образе), ощущая все те положительные качества, которые вы вложили в этот образ.

Однако ясновидение является не самым простым средством восприятия действительности, хотя ваш астральный образ будет существовать как для того, кто обладает этой способностью, так и для того, кто ею не обладает. (Это вам следует усвоить твердо, чтобы избежать распространенных заблуждений в этом вопросе. Например, если два человека находятся в темной комнате, в которой стоит стол, причем один из этих людей видит в темноте, а другой — нет, то стол в равной мере присутствует в комнате и для того, кто его видит, и для того, кто его не видит, — он может узнать о существовании стола, наткнувшись на него.)

Более того, при помощи обратного, «дополняющего» образа, находящегося в вашей душе, вы управляете астральной реальностью, как если бы удерживали на веревке бумажного змея.

Впоследствии, когда вы будете доводить свою информацию до сведения слушателей (при этом не имеет значения, будет ли у вас один слушатель или несколько), не излагайте ее сухими, абстрактными словами. Вы должны говорить, описывая созданный вами образ, — образ, который вы видели и который хотите продемонстрировать своим слушателям. Для этого необязательно каждый раз пользоваться одними и теми же словами, хотя отдельные фразы все же стоит оставить неизменными. Описывайте свой образ; у вас должно сложиться ощущение, что слушатели видят этот зрительный образ, усваивают его. Этот метод непременно подействует.

Для достижения успеха также следует ежедневно заниматься созидательной визуализацией. Например, продавец может сделать ее методом получения суммы комиссионных и ежедневно упражняться в ее визуализации. В то же время еженедельные упражнения в визуализации продаваемого товара усилят его рвение к работе, а также интерес покупателей к товару.

Здесь следует сделать одну оговорку. Продавцу приходится рассказывать о товаре, который он продает и который визуализирует, и в этом его главная задача. Но при этом ему не следует упоминать о своих личных целях, ради которых он приступил к визуализации, говоря себе: «Я продам еще пять этих машин в рекордно короткий срок, и тогда куплю себе дом». Подобные вещи могут и повредить визуализации: если продавца услышит клиент, с психологической точки зрения это будет не лучший ход.

Помимо двух этих упражнений, которые не следует совмещать, не забывайте по меньшей мере раз в неделю проводить сеанс созидательной релаксации без визуализации образов, — это будет способствовать вашему физическому и душевному здоровью.

ПРИЛОЖЕНИЕ 3

СВЕТОЧ ЗНАНИЯ

Мудрость есть нечто цельное и единое. Когда мы, обращаясь к образам, изречениям и учениям, далеким от ее вершин, касаемся той или иной системы убеждений, может показаться, что мудрость делится, например, на восточную и западную. Однако все то, что находится на вершине мудрости, нельзя ограничить рамками подобных определений. Поэтому в любой традиции, не являющейся собственно «традицией мудрости», все те, кто придерживается укоренившихся ортодоксальных установлений, склонны считать носителей мудрости несколько подозрительными.

По той же причине духовная истина заключенная в перлах мудрости, гораздо шире, чем их контексты. Поэтому всегда бывает очень полезно знать, для чего и в каких условиях родилось то или иное мудрое изречение, — хотя по своей природе его духовный смысл оказывается гораздо шире этих условий.

Перлы мудрости, на которые мы ссылаемся в своем рассказе о созидательной визуализации, как правило не образуют какого бы то ни было единого целого. Иногда сами носители этой мудрости не видели такой цельной картины, а в целом ряде случаев мы имеем дело с изречениями просвещенных мистиков, которые уже давно не заботились о записи своего наследия. Кроме того, бывало и так, что сами наставники, носители мудрости, всеми силами старались избежать широкого распространения своих знаний и навыков в созидательной визуализации.

Мы можем назвать три причины того, почему, как нам кажется, с этой таинственностью следует покончить:

1. Многие люди испытывают нужду в материальных благах или внутреннем развитии, которые они могут получить посредством созидательной визуализации, но которых им неоткуда ждать. Прибегая к созидательной визуализации, эти люди обеспечивают себя всем необходимым исключительно благодаря самосовершенствованию, используя только свои способности, — а это является естественным правом каждого человека.

2. Духовная сила постоянно обретает материальное воплощение или дематериализуется — независимо от того, принимаем ли мы участие в этом процессе или нет. Кроме того, часто можно наблюдать как люди, неосознанно управляя ходом событий посредством негативных эмоций, сами навлекают несчастья на себя и других, и всем будет лучше, если они поймут механизм этого управления.

3. Долговечных результатов в созидательной визуализации можно достичь только в том случае, если действовать заодно с высшей сущностью, полностью погрузившись в нее.

Исходя их всего сказанного, мы хотели бы соединить в этом приложении несколько текстов принадлежащих перу мистиков различных традиций (в том числе и текстов, которые уже цитировались в этом издании). Их назначение — открыть духовные истины, лежащие в основе созидательной визуализации, рассказать о результатах использования этих истин в благих целях (в том числе не только для визуализации).

Первый отрывок мы взяли из жизнеописания индейского жреца, который рассказал о себе Джону Нейхардту; книга называется «Черный Лось рассказывает». В ряде мест слова Черного Лося практически перекликаются с духовными истинами, которые мы изложили выше, поэтому мы процитируем только одно из них, самое сжатое и яркое:

«Бешеная Лошадь заснул и оказался в мире, где нет ничего, кроме духов всех вещей. Этот мир действительно существует; он лежит позади нашего мира, и все, что мы видим здесь, — не более, чем тени из того мира... Именно это видение и придало ему великую силу».

Далее предоставим слово Плотину, который родился в Египте около 205 года:

«Величие разума можно постичь и таким способом. Мы восторгаемся величием и красотой осязаемого нами мира, неизменным постоянством его перемен, видимыми и невидимыми его обитателями, его духами земли, животными и растениями. Но теперь давайте обратимся к его прообразу, к высшему бытию, породившему этот мир, чтобы увидеть там огромную массу понятий, которым суждено вечно обладать неотчуждаемым разумом и жизнью. Именно в этом мире обитают чистый разум и бесконечная мудрость». (Плотин, «Эннеады», том первый).

«Ратнамегха сутра», памятник буддизма Махаяны, содержит следующее описание бодхисаттвы (просветленного человека, который отказывается от блаженства превращения в будду, оставаясь среди людей):

«Бодхисаттва, тщательно изучающий природу вещей, обитает в вездесущей и постоянной деятельности своего разума, и поэтому не разум властен над ним, но он сам властен над разумом. А управляя разумом, он может управлять всеми вещами».

194

Благодаря тому, что буддистским текстам часто свойствен довольно-таки рассудочный подход к предметам, о которых они повествуют, многие люди, поверхностно знакомые с буддизмом, считают его слишком холодным и отстраненным. На самом же деле, холодность едва ли могла лечь в основу учения о просветлении. Но давайте перейдем теперь к песням персидских мистиков, обладающим совершенно иным темпераментом, — они укажут нам верный путь к высоким целям.

Стихи, принадлежащие перу Абдула Хатифа, недвусмысленно прямолинейны, однако поэт, очевидно, не согласился бы умалить смысла своих слов. Он писал в восемнадцатом столетии, у него есть такие строки:

Когда на все, что ты видишь,
Ты посмотришь с любовью,
Тогда все то, что ты любишь,
Ты вскоре увидишь своим.

Долгие столетия ученые вели оживленные споры о любви и знании, однако для мистиков вся бессмысленность этого спора всегда была очевидной, так как с точки зрения божественной истины эти понятия неразделимы. Святой, живший в средневековой Индии, музыкант Пи из Милапора, сказал такие слова: «Я возжег в своей душе яркий светильник знания, я искал и обрел его: сам Бог-чудотворец тихо вошел в мое сердце, чтобы остаться там навсегда».

Если говорить о поучениях Нового Завета, то важнейшими для нас можно назвать следующие слова:

«Ибо вот, Царствие Божие внутри вас есть» (Лк. 17:21).

«Ищите же прежде Царствия Божия и правды Его, и это все [имеются в виду: пища, питье, одежда] приложится вам» (Мф. 6:33).

195

Можно сказать, что Евангелие от Матфея является «Евангелием изобилия»:

«Просите, и дано будет вам; ищите и найдете; стучите и отворят вам; ибо всякий просящий получает, и ищущий находит, и стучащему отворят. Есть ли между вами такой человек, который, когда сын его попросит у него хлеба, подал бы ему камень? И когда попросит рыбы, подал бы ему змею? Итак, если вы, будучи злы, умеете даяния благие давать детям вашим, тем более Отец ваш Небесный даст благо просящим у Него. Итак во всем, как хотите, чтобы с вами поступали люди, так поступайте и вы с ними, ибо в этом закон и пророки» (Мф. 7:7—12).

Здесь можно процитировать и другие отрывки (некоторые из них, приведенные в четвертой главе, позволяют проследить обращение к теме нашей книги на всем протяжении Нового Завета), однако мы ограничимся лишь двумя из них:

«Иисус, отвечая, говорит им: имейте веру Божию, ибо истинно говорю вам, если кто скажет горе сей: поднимись и ввергнись в море, и не усомнится в сердце своем, но поверит, что сбудется по словам его, — будет ему, что ни скажет. Потому говорю вам: все, чего ни будете просить в молитве, верьте, что получите — и будет вам» (Мк. 11:22—24).

«Давайте, и дастся вам: мерою доброю, утрясенною, нагнетенною и переполненною отсыплют вам в лоно ваше; ибо какой мерою мерите, такою же отмерится и вам» (Лк. 6:38). Именно это поучение позволило Джону Уэсли дать свой знаменитый совет: «Возьми все, что можешь. Отдай все, что можешь».

Возвращаясь к силе воздействия созидательной визуализации на материальном плане, мы снова сошлемся на слова доктора Карла Симонтона о психической деятельности, наблюдавшейся у неожиданно выздоравливающих пациентов: «Но важнее всего здесь то, что пациенты создавали мысленные образы, и то, как именно они их создавали. Пациенты были настроены исключительно позитивно, независимо от того, из какого именно источника пациент ожидал исцеления, и создававшиеся ими образы также были позитивными».

(Хотя можно назвать немало возможностей созидательной визуализации — ряд таких примеров мы привели в этой книге — и несмотря на то, что подобные случаи давно известны мистикам и оккультистам, хотелось бы еще раз привести это свидетельство ученого-медика об исчезновении тяжелого заболевания у тех, кто визуализировал свое исцеление.)

И наконец, говоря о внутреннем потенциале к визуализации, нельзя не напомнить об огромной пользе песен-«внушений».

ПРИЛОЖЕНИЕ 4

СОЗИДАТЕЛЬНАЯ ВИЗУАЛИЗАЦИЯ В МОЛИТВЕ И РЕЛИГИОЗНЫХ ОБРЯДАХ

По всей видимости, использование созидательной визуализации в молитве и религиозных обрядах легче дается адептам тех религий, которые пользуются давно установившимися системами образов, чем приверженцам более строгих культов, обходящихся без таковых. Так или иначе, обладание верой является огромным преимуществом для внутреннего самораскрытия, даже если ваша религия обходится без образной системы, так что в вопросах созидательной визуализации верующие находятся в более выгодном положении по сравнению с неверующими.

Однако надо заметить, что не всем верующим свойственно молиться или участвовать в религиозных обрядах; впрочем, и те, кто обходится без всего этого, могут почерпнуть для себя что-то полезное в этом приложении (например, в случае, если им потребуется подумать о божестве, в которое они верят или же создать его образ). Сделав это, они, вероятно, захотят совершить следующий шаг — к молитве и участию в религиозных обрядах.

Наверняка некоторые читатели спросят: «Но как правильно молиться? И как вообще следует начинать молиться?» Можно начать молиться так же, как дети учатся говорить, — то есть начать с одного слова: некоторые из самых сильных молитв состоят лишь из одного слова. Во всех остальных случаях не существует «правильных» способов молиться: нет ничего более интимного и неповторимого, чем отношения молящегося и его божества.

Не имеет никакого значения, пользуетесь ли вы теми же самыми словами, которыми пользуются сотни тысяч других верующих, или теми, которыми до вас никогда никто не молился. Главное, чтобы эти слова стали вашей молитвой, — то есть одним из главных источников сил, духовного озарения, радости и уверенности на каждом уровне вашего существования, известных людям всех стран и всех времен.

Что же касается применения визуализации, то в вас не должно оставаться никаких сомнений относительно того, можно ли вообще вообразить себе божество, верно ли вы его вообразили. В то же время, если вы хотите усилить полезный эффект созидательной визуализации для молитвы и религиозного культа, то должны определиться с тем, сможете ли вы создать мысленный образ духовного существа, которое должно услышать вашу молитву или донести ее до божества.

Тем же, кто поклоняется своему богу или богине в традиционной форме, используя образы-символы, а также почитателям божеств, воплощенных в живущих людях, едва ли понадобятся советы о том, какой образ следует визуализировать. Но если в этом вопросе вам встретятся трудности, возможно, вы справитесь с ними, создав мысленный образ своего святого или ангела-хранителя, и попросите его передать ваши молитвы и прошения божеству. Вполне возможно, что ваш покровитель принадлежит к числу признанных святых и вы носите его имя или же ищете его покровительства в том или ином начинании, для которого вы и приступили к визуализации. Но может быть и так, что помогать вам будет покровитель, не канонизированный церковью, — ныне покойный человек, которого вы любите и уважаете (например, ваш дедушка). Заметим здесь, что первые миссионеры, прибывшие в Китай, вскоре установили, что для китайцев почитание предков и культ святых в основе своей были абсолютно схожи.

Конечно, вы можете одновременно визуализировать и свое божество, и своего небесного заступника — к этому сильнейшему средству прибегают очень многие.

Визуализируя тот или иной образ своего бога, ангела-хранителя или святого, вы обязательно должны создать образ самого доброго и благосклонного существа: могущественного, излучающего свет, дружественного и сочувствующего. Если вам удастся приобрести либо самостоятельно изготовить изображение (фигурку) бога или святого, это будет хорошим подспорьем для ваших занятий визуализацией. Однако помните: не стоит приписывать какое бы то ни было могущество материальному носителю этого образа и делать из него фетиш или талисман. Он необходим лишь для того, чтобы вы могли особенно отчетливо и ясно представить себе образ, который вы будете визуализировать, а заодно избежать горячих молитв «в пустоту».

Один индуист как-то рассказывал о том, что молясь перед образом своего божества, он со словами любви и обожания предлагал ему свечи и цветы. Свой рассказ он завершил так: «Закончив молиться, я оставил каменный образ бога на алтаре, а его истинный образ снова поместил в свое сердце».

Чем сильнее будет этот истинный образ, который вы создадите в своем сердце, тем проще вам будет сделать так, чтобы бог вас услышал. По этой причине вы должны в течение значительного срока настойчиво воспитывать в себе преданность богу, прежде чем вы сможете что-либо попросить у него в молитве. Считается, что если обратиться к молитве вас заставили некие чрезвычайные обстоятельства, то этот начальный этап почитания бога является для вас недоступным.

Иногда подобные чрезвычайные обстоятельства заставляют людей молиться (несмотря на то, что раньше они никогда этого не делали) или возносить свои молитвы к тем силам, к которым они прежде не обращались, причем часто такие просители получают то, что просят. Однако в подобных ситуациях человеку открывается доступ к глубинным слоям своей психики, которые закрыты для него в спокойной обстановке, а в обычных обстоятельствах нельзя получить пользы от молитвы, не имея должного опыта.

Следовательно, если вы встали на путь служения богу, то должны настойчиво и со всем возможным пылом идти по этому пути.

В своем доме отведите для молитвы «алтарь» или особый уголок. Молиться можно стоя, сидя, преклонив колени или в любой другой позе, которую вы предпочитаете, — для нескольких традиционных видов молитвы существует целый ряд таких общепринятых поз. Введите себе в привычку, если это возможно, во время молитвы зажигать лампу или свечи. Украсить и оживить алтарь можно также при помощи цветов и благовоний, если вы сочтете это уместным. Но в любом случае, во время молитвы необходимо визуализировать образы, — это очень важно.

Если вы представляете себе бога в виде света, то визуализируйте свет. Если же присутствие бога вы видите в чем-то почти ощутимом и связываете его с вершиной горы или пещерой, тогда прежде, чем приступить к молитве, создайте мысленный образ этой горы или пещеры.

В случае, если у вас имеется определенная цель и вы хотите достичь ее посредством молитвы, ваши действия должны быть практически одинаковыми независимо от того, обращаетесь ли вы непосредственно к божеству или к «посреднику». Впрочем, в ряде случаев нужно немного менять порядок обращения с молитвой (об этом мы напомним вам ниже).

Если вам предстоит визуализировать божество, к которому вы возносите молитвы, действуйте следующим образом.

1. В первую очередь, создайте четкий мысленный образ материальной или духовной цели, которую вы преследуете, в своих интересах или в интересах кого-то еще. У вас должна получиться отчетливая картинка цели: например как кто-то выздоравливает или как вы сами успешно сдаете экзамен. Если же ваша цель вполне материальна и зрима, тогда просто создайте образ нужного предмета. В этом случае лучше всего представить себе, как этой вещью пользуется ее обладатель (вы сами или кто-то еще).

2. Теперь визуализируйте образ божества, — в человеческом или ином обличье или просто в виде сияющего, благотворного света.

3. Восславьте свое божество так, как вы это обычно делаете, молясь, или же так, как в данный момент вам велит душа.

4. Четко и кратко сформулируйте, чего вы хотите; не колеблясь, сообщите, что вам это действительно нужно. Если вам хочется облечь свою просьбу в достаточно эмоциональную форму, не стесняйтесь делать это.

5. Мысленным взором увидьте, как от общения с божеством предмет ваших желаний наполняется светом и пере-

дается вам, или мысленно услышьте (а затем повторите про себя) слова, подтверждающие исполнение вашего желания. Примите этот дар и поблагодарите за него божество.

6. Теперь позвольте визуализированным вами образам постепенно исчезнуть.

7. На протяжении дня, а также и ночью, если вы будете просыпаться, вспомните свои действия, описанные в пятом пункте (по крайней мере, на какое-то время), и снова принесите благодарность.

8. Когда предмет ваших желаний обретет воплощение в материальном мире, не забудьте с особым пылом поблагодарить божество. Укрепившись таким образом в вере, продолжайте путь служения богу.

Если вы передаете свою просьбу через «посредника» или небесного заступника (независимо от того, собираетесь ли вы визуализировать само божество), действуйте следующим образом:

1. Как и в предыдущем случае, следует создать четкий мысленный образ материальной или духовной цели, которую вы преследуете в своих интересах или ради кого-то.

2. Создайте мысленный образ своего «посредника», святого или ангела, с которым у вас сложились особые отношения или который особым образом связан с предметом вашей просьбы.

3. Искренне и подобающим образом приветствуйте его, после чего попросите передать вашу просьбу (ее сейчас не

нужно излагать подробно) божеству (которое следует назвать по имени или подобающим титулом). Попросите своего заступника походатайствовать за вас (или кого-то еще) и получить то, что вам необходимо. Вы должны искренне настроиться на то, что ваша просьба будет исполнена.

4. Теперь создайте мысленный образ того, как ваш посредник передает божеству вашу просьбу, причем «передает» в буквальном смысле слова: он идет к божеству, летит или попадает к нему как-то еще (придумайте сами, как именно). Независимо от того, собирались ли вы создавать образ божества, проследите за тем, чтобы заступник услышал вашу просьбу, — это имеет важнейшее значение.

5. Если вы решили визуализировать божество, то сейчас вам нужно это сделать. Нужно сосредоточить внимание на божестве и обратиться напрямую к нему, поприветствовать и восславить его.

6. Четко и кратко сформулируйте, чего вы хотите; не колеблясь, сообщите, что вам это действительно нужно; если вам хочется облечь свою просьбу в достаточно эмоциональную форму, не стесняйтесь делать это. Не забудьте также упомянуть, что вместе с вами за вас просит и небесный заступник.

7. Теперь отвлекитесь от мыслей о божестве и мысленно представьте себе, как ваш заступник, радостный и сияющий, возвращается к вам с вестью о том, что ваша просьба удовлетворена. Мысленным взором увидьте, как от общения с божеством предмет ваших желаний передается вам, или мысленно услышьте слова, подтверждающие ис-

полнение вашего желания. Примите этот дар и поблагодарите за него божество.

8. Позвольте созданным вами образам постепенно исчезнуть.

9. На протяжении дня, а также ночью, если вы будете просыпаться, вспомните свои действия, описанные в седьмом пункте (по крайней мере на какое-то время), и снова принесите благодарность.

10. Когда предмет ваших желаний обретет воплощение в материальном мире, не забудьте с особым пылом поблагодарить божество. Укрепившись таким образом в вере, продолжайте путь служения богу, и не забудьте поблагодарить своего небесного заступника.

Однако, почитая бога, следует проявлять особую осторожность в следующем вопросе. Чего бы вы ни просили в своих молитвах, стремитесь получить это только с их помощью, — то есть следует ограничиться лишь духовным источником благ. Конечно, если вы больны, то следует обратиться и к обычным, «материальным» средствам, чтобы поправиться, и одновременно молиться об исцелении, а если вам нужно сдать экзамен, то наряду с молитвами следует уделять время и занятиям.

Необходимость настроиться на духовный источник благ часто объясняют тем, что бог «ревнив» (об этом говорили еще персонажи Ветхого Завета). Однако если понятие «ревность» несовместимо с вашим представлением о божестве, этому можно найти и иное объяснение. (Видимо, вышеупомянутая необходимость указывает еще и на то, что если вы будете дополнять молитвы своими усилиями на материальном плане, это пойдет молитвам на пользу, а не во вред.)

В этом отношении установленная вами связь с божественной силой и отождествление себя с этой силой, а также пылкость вашей преданности являются «нейтральными», хотя божественная сила способна легко использовать их в качестве материального «участка» вашего канала связи.

Однако если в целях воплощения визуализированного образа вы задействуете и менее значительные каналы связи (преимущественно связи с астральным планом), они легко могут стать ненадежными, подобно проколотому шлангу или, что еще хуже, электропроводке с пробитой изоляцией. Тогда вам вскоре придется начинать все сначала.

Задумайтесь о множестве сторон и граней своего божества, а затем — о том, насколько ясно воспринимали их обладавшие особым даром провидцы и наставники. Затем подумайте об эмоциях и мысленных образах, ставших на материальном уровне каналами связи с божеством (их долгие века создавало не одно поколение верующих), и тогда вы поймете, почему многие великие святые места в течение долгих столетий были источниками веры и чудес.

Всегда помните о том, что за визуализацией, созданием мысленных образов стоит божественная реальность, которая и придает им ценность и смысл, и она является куда более реальной, чем что бы то ни было, и более сильной, чем любая сила. И она излучает куда больше любви, чем может воспринять человек. Поэтому, если мы научимся правильно обращаться к ней с просьбами (то есть четко осознавая свои реальные потребности и веря в возможность их удовлетворения), то сумеем достичь духовного изобилия, которое не знает пределов, и эта реальность благословит нас.

ПРИЛОЖЕНИЕ 5

КАК СТАТЬ ЗДОРОВЫМ

Выше мы уже приводили примеры того, насколько действенным подспорьем для исцеления является созидательная визуализация. Однако она может эффективно применяться и в еще одной области, важной для каждого из нас, а именно в поддержании крепкого здоровья.

Правильное питание, отдых, свежий воздух и упражнения — вот необходимые условия крепкого здоровья. И хотя многим людям для этого бывает необходимо что-то еще, все же самой важной потребностью можно назвать следующую: получение максимальной пользы для тела, разума и духа из пищи, отдыха, свежего воздуха и физических упражнений (из того их количества, которое вам доступно).

Так что нам мало просто пользоваться всеми этими благами; если наш организм должен получать от них максимальную пользу, мы должны убедиться в том, что действительно получаем их. И что самое важное, в этом надо убедить глубинные слои нашей психики.

Ведь воображение обладает такой силой, что часто мешает нам понять, действительно ли мы в полной мере используем то, что имеем в распоряжении или же прекрасно обходимся и таким количеством пищи, питья или отдыха, которое считается недостаточным. Подобное противоречие часто возникает тогда, когда людям удается без всякого видимого вреда для тела и разума выживать в ситуациях, в которых выживание кажется невозможным. Однако здесь часто упускают из виду тот факт, что выжившие настраивали себя на то, чтобы выжить. Например, некоторые люди в условиях голода убеждали себя, что получаемой пищи им вполне достаточно для поддержания жизни, и не впадали в панику, в отличие от тех, кто убеждал себя в том, что голодает.

К тому же, речь здесь идет не о полном воздержании от пищи: одни люди могли выдерживать весьма продолжительное голодание, в то время как других подобные попытки быстро приводили к смерти. Мы хотели бы поговорить о силе, которая позволяет организму получать из принимаемой пищи максимальную пользу и удовлетворение, причем эта сила заключена не в возможностях тела или разума.

Сегодня полноценное усвоение пищи является достаточно важным фактором здорового образа жизни, поскольку проблема голода, как это ни удивительно, касается и тех, кто переедает, и тех, кто недоедает.

Многие переедают благодаря сильному влечению к пище, в результате стресса или тревоги. Разумеется, причина этого кроется не в работе сознания, и чтобы найти ее, следует обратить внимание на действия инстинктивно-эмоциональной природы человека.

С глубокой древности и до наших дней главная причина для беспокойства для огромного множества людей заключалась в страхе перед голодом и голодной смертью. В результате у человека этот страх породил вполне очевидную реакцию: стоит только появиться достаточному количеству пищи, как вслед за ним возникает побуждение съесть как можно больше, пока имеется пища. На первый взгляд такое поведение кажется вполне разумным, однако природа этого явления обусловлена лишь нашим основным инстинктом: инстинктом самосохранения.

Иногда наше подсознание способно творить для нас чудеса, однако доводы разума ему все же чужды: оно действует исключительно на психофизическом уровне, уровне инстинктов. Когда нас охватывает тревога или беспокойство (неважно, по какому поводу), мы должны с максимальной ясностью изложить возникшую ситуацию глубинным слоям психики. В противном случае они «сплавят» тревожность, неуверенность и страх в первобытный ужас перед голодом, который заставит нас есть все, что только можно.

Поэтому тем, кто склонен переедать под воздействием стресса и беспокойства, можно дать следующий совет: вести себя так же, как они вели бы себя в том случае, если бы им грозил голод.

Разумеется, в тех случаях, когда излишний вес губительно сказывается на здоровье, человеку необходима квалифицированная помощь, чтобы сбросить вес за короткое время. Точно так же, необходимо установить себе такой рацион, который удовлетворял бы потребностям возраста, роста и веса, пола, рода занятий и состояния здоровья, а при всякой серьезной угрозе здоровью или при подозрении на болезнь обращаться к врачу. Однако помимо всего этого, есть и такая помощь, которую только вы сами можете оказать себе: вам понадобится не только правильно питаться, заботиться о своем здоровье и давать себе физическую нагрузку, но и убедить глубинные слои своей психики в том, что все это делает вас здоровым.

Таким образом, если ваши проблемы связаны с питанием (и если такие проблемы вас не тревожат), вам будет очень полезно последовать этим полезным советам:

Во-первых, постройте свой рацион правильно, в той мере, в какой вы можете себе это позволить. Если же те или иные продукты вам недоступны, не огорчайтесь попусту из-за невозможности их включения в свой рацион.

Во-вторых, твердо внушите себе, что здоровье вам принесет и все то, что у вас есть на данный момент. Убедите в этом глубинные слои психики, повторяя это утверждение вслух, негромко, но твердо.

Для верующих благодарственная молитва перед приемом пищи и по его окончании станет прекрасным средством, которое поможет убедить подсознание в полезности пищи (конечно, если слова молитвы позволяют проникнуться этим убеждением). После молитвы пища, которую вы собираетесь принять, становится даром благотворной силы, которая бережет и хранит нас, и принимая этот дар, мы поддерживаем и телесное, и душевное здоровье. Очень полезным может быть действие по методу Кроули: перед тем как принять пищу, человек выражает свою волю съесть или выпить что-нибудь, чтобы тем самым придать организму сил для решения больших задач, то есть для выполнения своего предназначения.

Если же вы хотите прибегнуть к созидательной визуализации для получения пищи в большем количестве или лучшего качества, у вас есть два пути. Можно заниматься визуализацией с этой целью за час до приема пищи или через час после него (лучше всего непосредственно после пробуждения). Но можно также, приготовив пищу, воспользоваться для ее благословения не молитвой, а Техникой приумножения (для этого предварительно создайте мысленный образ нужного продукта, в котором будет все, что вам необходимо). Затем, завершив процедуру и выпустив свет высшей сущности из сознания, приступайте к обеду, исполнившись благорасположения к пище и полностью убедив себя в ее полезности. Техника приумножения, кроме того, может очень эффективно использоваться и в других обстоятельствах; однако с глубокой древности ее принято увязывать именно с пищей.

Пережевывать пищу нужно медленно, но размеренно. Если можете, то не смотрите за едой телевизор, не читайте, не ведите увлекательных бесед и не слушайте по радио новостей. Тщательно прожевывайте каждую порцию, думайте о полезных веществах, силе и энергии, которые вы усваиваете с этой пищей. Постарайтесь сосредоточиться на мыслях о ее пользе, а не на привлекательном виде, запахе и вкусе блюда (особенно если у вас излишний вес).

Время от времени отвлекайтесь на мысли о полезном эффекте своей трапезы — о том, как она поможет вам в работе, позволит хорошо развлечься вечером, укрепит ваше здоровье, улучшит вашу внешность и укрепит сон. Визуализируйте образ того, как ваши мышцы, нервы, волосы, кожа и кровь ощутимо наливаются силой благодаря съедаемой пище.

Съев положенную порцию, уверенно подумайте о том, что вы довольны и сыты, и мысленно представьте себе это.

Есть медленно необходимо по двум причинам. Как утверждают врачи, это повышает усвояемость пищи и способствует насыщению, поскольку хорошо пережеванная пища лучше переваривается желудком (не говоря уже о том, что переваривание пищи начинается уже со смачивания ее слюной в ротовой полости). Но кроме того, — и это представляется очень важным, — когда мы едим медленно, наше подсознание получает возможность настроиться на процесс питания и усвоить тот факт, что поглощаемая пища придает сил, хорошо подходит организму, будучи питательной и способной насытить.

Во второй главе мы дали читателям несколько вполне исчерпывающих полезных советов относительно расслабления и отдыха. Добавим лишь, что всякий раз, когда вы отдыхаете (не только выполняя упражнения на релаксацию), нужно убедиться в том, что основные части вашего тела, включая голову и лицо, совершенно расслаблены.

В этой связи необходимо упомянуть и о бессоннице. Это расстройство приносит с собой и другое, еще более вредное: беспокойство по поводу потери сна. Как и всякое другое беспокойство, оно является пустой тратой времени, которое можно было бы употребить на полезное дело.

Хроническая бессонница требует медицинского вмешательства, однако если вы не смыкаете глаз по ночам лишь изредка, не поднимайте из-за этого шум. Кроме того, если вы, например, не можете уснуть по причине того, что на другой день вас ждет очень важное дело, беспокойство ничем вам не поможет — оно лишь ухудшит дело.

Если же нарушение сна вызвано физическим расстройством или причинами эмоционального порядка, попытайтесь прежде всего расправиться с этой первопричиной. Например, вас осенила идея по поводу завтрашней работы, и вы не можете уснуть, не сохранив ее в памяти, — в этом случае вам будет гораздо полезнее встать, вернуть себе ясность мышления и записать идею на бумагу или на диктофон, после чего отправиться спать.

Вернувшись в постель, тщательно и медленно расслабьтесь по привычному методу и сохраняйте состояние расслабления. Пресекайте всякие попытки сознания вернуться к увлекающим его размышлениям; время от времени убеждайтесь, что ваши конечности остаются расслабленными.

Дышите ритмично, глубоко и размеренно — так, как вы дышите во сне; вообразите себя спящим.

Вероятнее всего, после этого вы уснете, а если вам это не удастся, то во всяком случае, ваш ночной отдых будет куда лучшим, чем если бы вы не прибегли к релаксации.

Но как быть, если не уснуть дает какая-нибудь боль, а у вас нет болеутоляющих средств (или же вы не желаете их принимать) и вы не знаете, какие точки тела следует массировать, чтобы снять эту боль?

Попытаться представить себе, что никакой боли нет, — задача слишком трудная и, кроме того, это не лучший выход из положения. Глубинные слои вашего разума по-прежнему будут знать о существовании этой боли, и тогда она «спрячется»: то есть ваши физические и инстинктивно-эмоциональные ощущения боли будут сохранены где-то за пределами сознания, чтобы возобновиться в еще более неудобное для вас время.

Поэтому до тех пор, пока боль не исчезнет или не будет устранена, с ней нужно «соглашаться», — что вовсе не означает необходимости неотрывно думать о ней. Ведь сосредоточившись даже на незначительном физическом неудобстве, можно многократно усилить его, сделав совершенно нестерпимым, в то время как очень сильную боль можно переносить, если отвлечь от нее внимание. Вместе с тем, не следует убеждать подсознание фразами вроде «я не чувствую боли» или «боли нет»; в противном случае вы, во-первых, причините себе вред, привлекая свое внимание именно к тому, чего следует избегать. Во-вторых, вы внесете сумятицу в работу своего подсознания, которое «знает», что вы пытаетесь убедить его в чем-то, что противоречит его ощущениям.

Поэтому в этом случае следует дышать ритмично и бросить все силы своего внимания на тщательное расслабление тела. Когда вы дойдете до той области, которая является источником боли, вам придется основательно потрудиться и расслабить болящие мускулы точно так же, как и все остальные. Если вас беспокоит рана, воспаление или невралгия, визуализируйте, как ваш недуг излечивается и проходит, как исчезает сама причина боли. Очень многим людям облегчение приносит мысленный образ тонких, прохладных пальцев, которые массируют больное место, смягчая и изгоняя боль. Визуализируя подобный образ, всеми силами старайтесь не только мысленно увидеть эти пальцы, но и ощутить их уверенное, легкое и прохладное прикосновение, их целительную силу.

Затем, продолжая ритмично дышать, расслабляйте остальные мышцы. Сохраняйте состояние расслабленности так долго, как только сможете, а затем повторите все упражнение на расслабление еще раз (включая и визуализацию). Вероятно, теперь вы уснете, а утром проснетесь куда более освеженным, чем если бы просто провалились в сонное небытие. Во всяком случае, вы неплохо отдохнете, что будет очень полезно, какие бы проблемы со здоровьем вас ни тревожили.

Подсознание является самым лучшим и эффективным помощником, какого мы только можем пожелать. Однако этой ролью оно и должно ограничиваться — никогда нельзя позволять ему распоряжаться нами. Ведь подсознание, являющееся частью нашей инстинктивно-эмоциональной сферы, хотя и обладает буквально чудотворной силой, но вместе с тем относится к низшей сущности человека и его не следует принимать за элемент высшей сущности. Подобно тому, как сознание должно учиться знать и чувствовать веления высшей сущности, оно должно вести и направлять подсознание — элемент низшей сущности. Ведь если предоставить подсознание само себе, оно ни за что не сумеет должным образом руководить вашей жизнью.

Выше мы только что рассказывали, как подсознание, узнав о том, что вы беспокоитесь о своей машине или о карьерном росте — а то и о своей фигуре, — истолкует это беспокойство совершенно неправильно, заставляя вас «пользоваться случаем» и опустошать холодильник. Сейчас мы хотели бы продемонстрировать вам еще один пример подсознательной реакции, над которой также можно взять верх, если действовать мудро.

Наша инстинктивно-эмоциональная природа содержит в себе два побуждения, которые часто объединяют в инстинктивную реакцию под названием «беги или бейся». Когда что-то угрожает нам или причиняет нам вред, мы обычно действуем в соответствии с этими инстинктами. Мы можем дать отпор возникшей угрозе или спастись от нее бегством (это будет зависеть от целого ряда факторов), но и в том, и в другом случае наши нервы предельно возбудятся, а мускулы напрягутся, чтобы мы имели возможность действовать.

Предположим, что угроза не требует от нас ни схватки, ни бегства, — а в цивилизованном мире так бывает чаще всего. В этом случае от напряжения у вас может разболеться голова, а это не способствует решению даже незначительных проблем. А что если вас беспокоит боль, как в случае, который мы только что рассмотрели? Мышечное напряжение в большинстве случаев не принесет ни малейшей пользы — более того, оно принесет вред, поскольку напряжение мускулов ухудшает кровообращение, мешая притоку крови к больному органу, — и это притом, что в функции кровообращения входит устранение возбудителей воспаления, а также питание нервов и тканей.

Следовательно, вы поступите правильно, если обуздаете подсознательные стремления к напряжению, и станете осознанно расслаблять тело. Но помимо этого, необходимо задать некоторый объем работы и инстинктивно-эмоциональной сфере. Посредством созидательной визуализации вы можете внедрить в нее благотворный образ (например, образ прохладных целительных пальцев) и тем самым получить результат, которого сознание совершенно неспособно добиться своими силами.

Что касается свежего воздуха, то в наше время его приходится искать. Если вы живете недалеко от берега моря, то это — оптимальный вариант. В остальном, упражняться в ритмичном дыхании на свежем воздухе в окружении растительности, которая поглощает выдыхаемый нами углекислый газ и дает кислород для дыхания, гораздо полезнее, чем бегать трусцой вдоль автострады, над которой висят облака вредных газов.

Ритмичное дыхание (точнее сказать, дыхательные упражнения, выполняемые с целью укрепления здоровья) традиционно и с полным правом включаются в занятия созидательной визуализацией.

Воздух, особенно находящийся в легком движении, смешанный с воздухом, прогретым солнцем до благоприятной температуры, очень полезен для здоровья. Для нормального дыхания нам нужно огромное количество кислорода, причем желательно чистого, но содержащего незначительное количество углекислого газа и достаточное количество паров воды. Воздух, кроме того, включает в себя и другие компоненты; к тому же, в разных регионах его состав может ощутимо различаться, и все-таки он будет удовлетворять потребностям человеческого организма. Итак, когда вы нашли максимально чистый и свежий воздух и приступили к ритмичному дыханию, вам следует думать о самой сущности дыхательного процесса: о том, как воздух проникает в ваши легкие, которые насыщают содержащимся в нем кислородом кровь, а та, в свою очередь, разносит его по телу, питая и обновляя его ткани. Отдавая запас кислорода, кровь постоянно принимает выделяемый тканями тела углекислый газ и несет его обратно в легкие, где и очищается, выбрасывая его в выдыхаемый человеком воздух.

Мы представили этот процесс несколько упрощенно, но наше описание лишь призвано помочь вам в создании четкого мысленного образа, — учебника физиологии оно не заменит.

Когда вы дышите, — и в особенности, когда вы упражняетесь в ритмичном дыхании, — для вас не составит никакого труда представить себе описанный нами процесс, поддерживающий вашу жизнь и обновляющий силы. Вдыхая, постарайтесь мысленно увидеть, как кислород в мгновение ока поступает в каждую часть вашего тела, а выдыхая, визуализируйте, как кровь выносит продукты обмена в легкие, которые избавляются от них.

Однако здесь визуализацию можно расширить, выйдя за пределы физических процессов: ведь вы можете сделать для себя куда больше. Представьте себе, как вас окружает свет высшей сущности, — яркий, несущий жизнь.

Вдыхая воздух, постарайтесь «почувствовать», как одновременно вы вдыхаете и этот свет, — сияющий, теплый, несущий радость и покой, он проникает в ваши легкие, проходит в кровь, сияет в вашем сердце и разливается по всему телу, распространяя покой, силу и благодать. (При помощи воображения и усилия воли можно «направлять» этот свет в любую часть тела, которая нуждается в лечении. Например, можно потренироваться в согревании замерзших рук и ног, усиливая в них кровообращение путем направления туда света.)

Выдыхая, представляйте себе, как вместе с углекислым газом и продуктами обмена вас покидают усталость и неприятные мысли, сомнения и страхи, не дававшие вам покоя. Во время следующего вдоха, вместе с воздухом, несущим кислород, снова вдохните радость, мир, силу и благодать, порожденные сияющим духовным светом.

Вам предстоит ощутить, что действие этого упражнения гораздо сильнее простого воображения. Ваша высшая сущность будет неизменно находиться рядом с вами, и сознание ее присутствия будет наполнять вас светом и любовью, — такими, которые ничто не может превозмочь. Чтобы обрести благодать высшей сущности, нужно не только увидеть ее присутствие, но и уверенно открыть себя для нее, проявить готовность впитать в себя ее силу и радость. Помочь вам войти в такое состояние и призвана практика ритмичного дыхания.

Если вы станете дышать подобным образом, воздух станет для вас чем-то большим, чем простой потребностью органов дыхания: он превратится в могущественный символ высшего, духовного блага. Ведь люди всегда использовали подобным образом предметы материального мира, чтобы получить подлинную духовную силу, сопряженную с прямым назначением предмета, или тем состоянием, которое он символизирует. Так, соль считается духовным «противоядием», кольцо или веревка символизируют духовную связь, нож или меч служат символами разделения, а вода воплощает в себе идею духовного очищения и новых начинаний. Подобный «язык знаков» наше подсознание понимает как нельзя лучше, и вместе с этими знаками оно усваивает и стоящую за ними духовную реальность. Поэтому в процессе дыхания вы должны не только очищать, обновлять и укреплять организм, вдыхая воздух, но и направлять благодать, любовь и жизненную силу своей высшей сущности в каждую часть своего духовного существа.

Затем, для поддержания и укрепления здоровья огромное значение имеют физические упражнения. Можно утверждать, что каждому из нас необходима физическая нагрузка в том или ином виде — сложная или простая, тяжелая или легкая. А сделать ее еще более полезной и увеличить свои физические возможности вам поможет созидательная визуализация.

Вводя любое упражнение в постоянный комплекс занятий, вы должны точно знать, какие мышцы оно задействует и каких результатов от него можно ожидать. Поэтому возьмите для примера какое-нибудь упражнение, и прежде чем приступить к его выполнению, спокойно сосредоточьтесь на том, какие мышцы получат нагрузку и с какой целью вы выполняете это упражнение. Затем создайте мысленный образ того, как вы правильно и умело выполняете его (по желанию, можно провести такую процедуру сразу с несколькими уже знакомыми вам упражнениями). Затем, если это возможно, выполните эти упражнения перед большим зеркалом и, в процессе занятий, снова вызовите созданные образы. Это приведет к тому, что качество выполнения, а также ваша увлеченность и польза от нагрузок существенно возрастут.

Если вы занимаетесь плаванием или бегом, играете в футбол или теннис или занимаетесь другими видами спорта, вам будет полезно время от времени спокойно расположиться где-нибудь, и мысленно выполнять привычные движения, причем продумывать свои действия тщательно, не допуская небрежности. Разминка тела очень полезна — не менее полезной будет и эта «мысленная разминка», охватывающая те аспекты координации тела и разума, которые управляются разумом. Можно пойти в этом упражнении и дальше, визуализируя, как вы выполняете определенные действия, приводящие вас к победе. Подобное «промысливание» отнюдь не заменит вам тренировок, однако очень эффективно дополнит их.

А теперь представьте себе, что и ваш противник, с которым вам предстоит состязаться, тоже пользуется созидательной визуализацией. В этом случае состязание станет для вас очень полезным опытом, поскольку вы оба будете находиться на пике спортивной формы.

Научно-популярное издание

Сам себе психолог

Мелита Деннинг
Осборн Филлипс

СОЗИДАТЕЛЬНАЯ ВИЗУАЛИЗАЦИЯ —
МЕТОД ИСПОЛНЕНИЯ ЖЕЛАНИЙ

Ведущий редактор *И. В. Минаков*
Технический редактор *Э. С. Соболевская*
Корректор *А. А. Князева*
Компьютерная верстка *М. А. Варгановой*

ООО «Издательство АСТ»
667000, Республика Тыва, г. Кызыл,
ул. Кочетова, д. 28

ООО «Издательство Астрель»
143900, Московская обл., г. Балашиха, пр-т Ленина, 81

Наши электронные адреса: www.ast.ru
E-mail: astpub@aha.ru
E-mail редакции: novikov@astrel.ru

Отпечатано с готовых диапозитивов в ООО «Типография ИПО
профсоюзов Профиздат», 109044, Москва, Крутицкий вал, 18.

Издательство «Астрель»
представляет книгу

КАРМА

Как за 9 дней изменить свою жизнь

Многие европейцы представляют себе карму
как неизбежное наказание за проступки в этой жизни; или,
еще хуже, — как расплату за прошлую жизнь, о которой
никто даже не помнит. Правда состоит в том, что карма —
это не отрицательная реакция Вселенной, и она не имеет
ничего общего с наказанием, осуждением
или судьбой. Откройте для себя смысл кармы,
и перенастройте свою душу.

Книга знакомит нас с эзотерическими техниками кармы.
В легкой, понятной манере доктор Джон Мамфорд
рассказывает о четырех различных типах кармы,
концепциях действия и реакции, долга и реинкарнации.
Познайте себя через «фабрику обработки кармы» —
практическую процедуру освобождения и изменения.
Избавьтесь от потенциально негативной кармы с помощью
особой девятидневной программы очищения.

Узнайте:
- О своем кармическом цикле
- О разнице между кармой и дхармой
- О кармическом узоре, соединяющем вас и окружающих
  вас людей
- О хорошей и плохой карме
- О цикле перерождения
- О том, как наполнять вашу свадхарму, чтобы получать
  максимальное удовлетворение от жизни
- О кармических техниках из Бхагават Гиты
- О том, как уклониться от кармы

Эта книга наполнит вас силой освобождения.

Издательство «Астрель»
представляет книгу

2003 Лунные знаки в вашей жизни

Всегда легче плыть по течению, чем против него.
Именно по этой причине люди на протяжении
многих веков старались сверять свои планы с периодами
благоприятной энергии Луны.
Планируете ли вы свадьбу или отправляетесь рыбачить,
разворачиваете свой бизнес или делаете посадки в саду,
«Лунный астрологический календарь»
поможет вам выяснить, в какой фазе Луны вы добьетесь
наилучшего результата.

● Выберите самое подходящее время
для осуществления шестидесяти разных видов
деятельности, начиная от починки машины
до приглашения гостей.

● Определите наиболее благоприятные и
неблагоприятные дни по Лунным таблицам.

● Научитесь увеличивать Лунную энергию.
В этом вам поможет раздел «Лунные фазы».